Índex

Introducció a l'etiqueta de la fotografia: navegar pel món de la fotografia amb respecte 1
Entendre la teva càmera: conceptes bàsics i funcions 3
Escollint l'equip adequat de la càmera 5
Dominar el mode manual: obertura, velocitat d'obturació, ISO i més 7
Tècniques de composició: Regla dels terços, Línies principals, Enquadrament 9
Elements bàsics d'il·luminació: llum natural vs. artificial 11
Comprendre l'exposició: equilibrar llum i ombra 13
Capturar el moviment: consells per a la fotografia d'acció 15
Fotografia de retrat: posat i comunicació 17
Fotografia de paisatge: trobar la fotografia perfecta 19
Fotografia macro: explorant els detalls 21
Fotografia de carrer: navegar pels espais públics de manera ètica ... 23
Fotografia d'esdeveniments: capturant moments amb gràcia 25
Fotografia d'arquitectura: Disseny destacat i detall 27
Fotografia de viatges: documentant les teves aventures 29
Fotografia de vida salvatge: observació respectuosa i seguretat ... 31
Conceptes bàsics d'edició: millora de les teves fotos 33
Introducció al programari d'edició de fotografies 35
Comprendre la correcció de color i el balanç de blancs 37
Tècniques de retoc: millora dels retrats 39
Creació de fotografies en blanc i negre impressionants 41
Impressió i visualització de les vostres fotos 43
Construeix el teu portafoli de fotografia 45
Drets d'autor i propietat intel·lectual: protecció del vostre treball. 47
Etiqueta de xarxes socials per a fotògrafs 49
Treball en xarxa i col·laboració a la comunitat de fotografia 51
Buscant comentaris i crítiques constructives 53
Establir objectius i fites realistes 55

Troba el teu estil i veu de fotografia 57
Equilibrar passió i benefici: convertir la teva afició en una carrera profesional 59
Comunicació amb el client i professionalitat 61
Preu dels vostres serveis de fotografia 63
Màrqueting com a fotògraf 65
Construir una forta presència en línia: lloc web i xarxes socials 67
Tractar el rebuig i la crítica amb gràcia 69
Aprenentatge continu: tallers, cursos i recursos 71
Mantenir-se inspirat: explorant altres formes d'art 73
Manteniment del vostre equipament: consells de neteja i emmagatzematge 75
Tractament de l'esgotament i els blocs creatius 77
Celebrant el vostre progrés i èxits 79

Avís de drets d'autor

Tots els drets reservats. Cap part d'aquest llibre no es pot reproduir, distribuir o transmetre de cap forma ni per cap mitjà, incloses la fotocòpia, l'enregistrament o qualsevol altre mètode electrònic o mecànic, sense el permís previ per escrit de l'editor, excepte quan ho permet la llei de drets d'autor.

Introducció a l'etiqueta de la fotografia: navegar pel món de la fotografia amb respecte

D'acord, tens aquesta càmera nova i brillant, estàs molt animat per capturar unes fotos increïbles, però espera un segon! Abans de començar a fer clic, parlem d'una cosa molt important: l'etiqueta fotogràfica. Sí, no només es tracta de saber com treballar la càmera; també es tracta de com et comportes mentre captures aquests moments màgics.

Primer de tot, parlem de respectar la privadesa de les persones. No tothom vol fer-se una foto, i això és genial. Demaneu sempre permís abans de fer una foto d'algú, sobretot si és de prop i personal. I si diuen que no, bé, respecta els seus desitjos i troba un altre tema.

Ara, a un altre punt crucial: ubicació, ubicació, ubicació! Tingueu en compte on esteu disparant. Alguns llocs poden tenir regles específiques sobre fotografia, com ara museus o propietats privades. Comproveu sempre si la fotografia està permesa i seguiu les directrius que tinguin al seu lloc. I bé, si feu fotos a l'aire lliure, respecteu també la natura.

Ah, i parlant de ser respectuosos, parlem d'altres fotògrafs. És un món gran allà fora, i és probable que no siguis l'únic que intenta capturar aquesta posta de sol èpica. Sigues cortès amb els teus companys d'obturador. No bloquegeu les seves preses, no agafeu el millor lloc i, si accidentalment feu una fotobomba a la foto d'algú, disculpeu-vos i seguiu endavant.

I, per últim, però no menys important, xerrem sobre com editar i compartir les teves fotos. És temptador tornar-se boig amb filtres i efectes, però recordeu que menys sovint és més. Sigues honest amb les teves modificacions, sobretot si les comparteixes en línia. I bé, sempre doneu crèdit on calgui. Si publiqueu el treball d'una altra persona, assegureu-vos que teniu el seu permís i feu-li una nota.

Recordeu que ser un gran fotògraf no només es tracta d'habilitats tècniques; també es tracta de ser un ésser humà decent. Així que sortiu, feu algunes fotos sorprenents i recordeu sempre respectar les persones i els llocs que us envolten. Feliç tiroteig!

Entendre la teva càmera: conceptes bàsics i funcions

D'acord, aprofundim en el fons de la càmera. Per descomptat, pot semblar intimidant al principi, però creieu-me, un cop ho acabeu, us encaixaràs com un professional en molt poc temps.

Primer de tot, parlem de les diferents parts de la càmera. Tens el teu cos, la teva lent, el teu visor o pantalla LCD, i tots aquests botons i dials. Pot semblar molt per agafar, però no us preocupeu, ho desglossarem pas a pas.

Ara, una de les coses més importants a entendre és el triangle d'exposició: obertura, velocitat d'obturació i ISO. Penseu en ells com la sagrada trinitat dels escenaris de la fotografia. L'obertura controla la quantitat de llum que entra a la lent, la velocitat de l'obturador determina quant de temps roman obert l'obturador i la ISO mesura la sensibilitat del sensor de la càmera a la llum.

A continuació, parlem de l'enfocament. La majoria de càmeres tenen enfocament automàtic, que fa la feina per tu, però sempre és bo saber enfocar manualment, per si de cas. I parlant de manual, no tingueu por de canviar al mode manual i prendre el control de la vostra configuració. Pot ser que requereixi una mica de pràctica, però val la pena per a aquelles fotografies perfectament personalitzades.

Ah, i no us oblideu del balanç de blancs! Pot semblar fantàstic, però bàsicament, només és assegurar-se que els vostres colors semblin naturals sota diferents condicions d'il·luminació. La majoria de les càmeres tenen balanç de blancs automàtic, però també podeu ajustar-lo manualment per obtenir resultats més precisos.

I, per últim, però no menys important, no descuideu les altres funcions de la vostra càmera, com ara els modes d'escena, els estils d'imatge i els modes de fotografia. Estan allà per ajudar-te a obtenir el millor tret possible en diverses situacions, així que no tinguis por d'experimentar i veure què funciona millor per a tu.

Així que ja ho teniu, gent! Entendre la vostra càmera pot semblar molt important al principi, però amb una mica de pràctica i paciència, aviat dominareu aquests botons i dials com un professional. Així que endavant, sortiu allà i comenceu a escapar!

Escollint l'equip adequat de la càmera

D'acord, parlem d'equip! Quan es tracta de fotografia, tenir l'equip adequat pot marcar la diferència. Però amb tantes opcions disponibles, pot ser aclaparador intentar esbrinar què és el millor per a tu. No et preocupis, però, t'he recollit.

Primer de tot, parlem de càmeres. Bàsicament hi ha dos tipus principals: DSLR i càmeres sense mirall. Les DSLR són les vostres càmeres clàssiques i provades amb un mecanisme de mirall a l'interior, mentre que les càmeres sense mirall són, bé, sense mirall. Tots dos tenen els seus pros i contres, així que realment es redueix a les preferències personals i al pressupost.

A continuació, les lents. Ah, lents, per on començo? Hi ha lents gran angular, teleobjectius, lents primes, lents zoom... la llista continua. Un cop més, tot es redueix al que rodaràs i quant estàs disposat a gastar. Comenceu amb una lent versàtil com un zoom estàndard, i després podreu ampliar la vostra col·lecció des d'allà.

I no ens oblidem dels complements! Probablement voldreu un trípode robust per a aquestes fotografies d'exposició llarga, una bona bossa de càmera per protegir el vostre equip i potser alguns filtres per millorar les vostres fotos. Ah, i no us oblideu de les targetes de memòria i les bateries addicionals. Creieu-me, no voleu quedar-vos sense suc enmig d'un rodatge.

Ara, abans de sortir i aprofitar al màxim la vostra targeta de crèdit amb l'equip més recent i millor, preneu-vos un moment per pensar què necessiteu realment. Per descomptat, aquesta nova càmera fantàstica pot ser temptadora, però si tot just esteu començant, potser seria millor quedar-se amb alguna cosa més assequible i actualitzar-la més endavant.

I bé, no tinguis por de demanar consell! Tant si es tracta d'altres fotògrafs, de fòrums en línia o de la vostra botiga de càmeres local, hi ha molta gent disposada a ajudar-vos a prendre la decisió correcta.

Així que ja ho teniu, gent! Escollir l'equip adequat per a la càmera pot semblar una tasca descoratjadora, però amb una mica d'investigació i una consideració acurada, estaràs en bon camí per construir el kit perfecte per a totes les teves aventures fotogràfiques.

Dominar el mode manual: obertura, velocitat d'obturació, ISO i més

D'acord, endinsem-nos en l'extrem profund de la fotografia i parlem del domini del mode manual. Per descomptat, pot semblar intimidant al principi, però creieu-me, un cop ho hàgiu assabentat, us preguntareu per què heu confiat en el mode automàtic en primer lloc.

En primer lloc, parlem de l'obertura. Penseu en això com la porta d'entrada per controlar la profunditat de camp. Una obertura més àmplia (número f inferior) us donarà aquest efecte de fons de somni i borrós, perfecte per a retrats i primers plans. D'altra banda, una obertura més petita (número f més alt) us donarà una major profunditat de camp, mantenint més enfocada la vostra escena. Juga amb diferents obertures per veure com afecten les teves fotos.

A continuació, abordem la velocitat d'obturació. Això es tracta de capturar el moviment. Una velocitat d'obturació ràpida congelarà l'acció, ideal per a la fotografia d'esports o de vida salvatge, mentre que una velocitat d'obturació lenta crearà un desenfocament de moviment, perfecte per capturar l'aigua corrent o les ratlles dels llums dels cotxes a la nit. Només recordeu que com més temps estigui obert l'obturador, més llum arribarà al sensor, de manera que potser haureu d'ajustar la resta de paràmetres en conseqüència.

I finalment, parlem d'ISO. ISO mesura la sensibilitat del sensor de la càmera a la llum. Una ISO més baixa (com 100 o 200) és millor per als dies assolellats i brillants, mentre que una ISO més alta (com 800 o 1600) és millor per a situacions de poca llum. Tanmateix, aneu amb compte amb aquests ISO alts, ja que poden introduir soroll a les vostres fotos.

Ara, aquí és on es diverteix: posar-ho tot junt. Dominar el mode manual consisteix a trobar l'equilibri perfecte entre l'obertura, la velocitat d'obturació i la ISO per a cada presa. Potser caldrà una mica de pràctica, però creieu-me, val la pena pel nivell de control i creativitat que us ofereix.

Ah, i una cosa més: no us oblideu del balanç de blancs! Potser no sembli tan cridaner com la resta de paràmetres, però fer que el vostre balanç de blancs sigui correcte pot marcar una gran diferència en l'aspecte general de les vostres fotos.

Així que ja ho teniu, gent! Dominar el mode manual consisteix a entendre com l'obertura, la velocitat d'obturació, la ISO i el balanç de blancs funcionen junts per crear l'exposició perfecta. Així que endavant, desactiveu aquest mode automàtic i comenceu a experimentar! Us sorprendrà el que podeu aconseguir un cop preneu el control de la vostra càmera.

Tècniques de composició: Regla dels terços, Línies principals, Enquadrament

Bé, siguem creatius i parlem de tècniques de composició. La composició és com la salsa secreta que pot convertir una bona foto en una de fantàstica. I, per sort, hi ha algunes tècniques provades i certes que us poden ajudar a portar les vostres composicions al següent nivell.

En primer lloc, tenim la regla dels terços. Aquest és un clàssic. Imagineu dividir el vostre marc en nou parts iguals amb dues línies horitzontals i dues verticals. La regla dels terços suggereix que col·locar el subjecte al llarg d'aquestes línies o en els punts on es creuen pot crear una composició més atractiva visualment. Es tracta d'afegir equilibri i interès a la teva presa.

A continuació, parlem de les línies principals. Les línies principals són exactament com sonen: línies a la teva foto que condueixen l'ull de l'espectador cap al tema principal. Aquestes línies poden ser qualsevol cosa, des de carreteres i camins fins a tanques i branques d'arbres. Mitjançant l'ús de línies principals, podeu guiar la mirada de l'espectador a través de la vostra foto i crear una sensació de profunditat i moviment.

I finalment, parlem de l'enquadrament. L'enquadrament consisteix a utilitzar elements dins de l'escena per emmarcar el tema i cridar l'atenció sobre ell. Pot ser qualsevol cosa, des d'un marc natural com un arc o una finestra fins a un marc fet per l'home com una porta o un marc d'imatges. En emmarcar el tema, podeu afegir context i interès visual a la vostra foto alhora que ajudeu a dirigir l'enfocament de l'espectador.

Ara, aquí teniu la part divertida: combinar aquestes tècniques per crear composicions realment populars. Proveu de col·locar el subjecte descentrat utilitzant la regla dels terços, després utilitzeu les línies principals per guiar l'ull de l'espectador cap a ell i, finalment, emmarca tota l'escena per afegir profunditat i context. Experimenta amb diferents combinacions i mira quina funciona millor per a les teves fotos.

Així que ja ho teniu, gent! Les tècniques de composició com la regla dels terços, les línies principals i l'enquadrament són eines potents que us poden ajudar a portar la vostra fotografia al següent nivell. Així que endavant, sortiu i comenceu a compondre aquestes obres mestres!

Elements bàsics d'il·luminació: llum natural vs. artificial

Donem una mica de llum sobre la importància de la il·luminació en la fotografia. Tant si feu retrats, paisatges o qualsevol altra cosa, entendre com treballar amb diferents tipus de llum pot marcar la diferència a les vostres fotos.

En primer lloc, parlem de la llum natural. Ah, llum natural, la millor amiga del fotògraf (la majoria de vegades). La llum natural es refereix a qualsevol font de llum que no sigui artificial, com el sol o la lluna. És dinàmic, canvia constantment i pot crear efectes realment impressionants. Quan feu fotos a l'aire lliure, presteu atenció a la qualitat de la llum en diferents moments del dia. A primera hora del matí i a última hora de la tarda, sovint conegudes com les hores daurades, poden emetre una brillantor càlida i suau que és perfecte per a retrats i paisatges. El sol del migdia, en canvi, pot ser dur i poc afavoridor, projectant ombres profundes i apagant les llums. Els dies ennuvolats poden proporcionar una il·luminació suau i uniforme que és ideal per a retrats i fotografia macro. I no us oblideu del crepuscle, aquell moment màgic just abans de la sortida o després de la posta del sol quan el cel s'omple de matisos rics i acolorits.

Ara, anem a parlar de la llum artificial. La llum artificial es refereix a qualsevol font de llum que sigui, bé, artificial, com ara llums, flaixos o llums d'estudi. A diferència de la llum natural, la llum artificial és constant i controlable, la qual cosa la fa ideal per a rodatges en interiors o situacions en què necessiteu més control sobre les condicions d'il·luminació. Les llums d'estudi, per exemple, es poden ajustar per crear una llum suau i difusa o una llum dura i dramàtica en funció de l'efecte desitjat. I no subestimeu el poder d'una bona làmpada d'escriptori o llanterna antiga per crear efectes d'il·luminació interessants a les vostres fotos.

Aleshores, què és millor, llum natural o llum artificial? Bé, això depèn de la situació. La llum natural és bonica i versàtil, però també és imprevisible i pot ser difícil de treballar en determinades condicions. La llum artificial, en canvi, és consistent i controlable, però també pot consumir més temps i requerir equips addicionals. En definitiva, la millor llum és la que t'ajuda a aconseguir l'aspecte desitjat per a les teves fotos, així que no tinguis por d'experimentar amb llum natural i artificial per veure què funciona millor per a tu.

Així que ja ho teniu, gent! La il·luminació és un element crucial en la fotografia, tant si es treballa amb llum natural, llum artificial o una combinació d'ambdues. Així que pareu atenció a la llum que us envolta, experimenteu amb diferents tècniques d'il·luminació i no tingueu por de ser creatiu!

Comprendre l'exposició: equilibrar llum i ombra

D'acord, donem una mica de llum sobre l'exposició, un joc de paraules! L'exposició consisteix a trobar l'equilibri perfecte entre llum i ombra a les teves fotos. Fes-ho bé, i les teves imatges cantaran. Fes-ho malament i, bé, diguem que és possible que les teves fotos no surtin com esperaves.

En primer lloc, parlem de les bases. L'exposició està determinada per tres factors principals: obertura, velocitat d'obturació i ISO. L'obertura controla la quantitat de llum que travessa la teva lent, la velocitat de l'obturador dicta quant de temps el sensor de la càmera està exposat a la llum i la ISO mesura la sensibilitat del sensor de la càmera a la llum. Comprendre com funcionen aquests tres elements és clau per aconseguir fotos ben exposades.

Ara, parlem de l'equilibri de llum i ombra. L'objectiu és capturar detalls tant en les llums més brillants com en les ombres més fosques de la vostra escena. Això pot ser complicat, sobretot en situacions d'alt contrast com un dia assolellat amb ombres profundes, però amb una mica de pràctica i coneixements, ho podeu fer.

Una tècnica per equilibrar la llum i l'ombra és la compensació de l'exposició. La majoria de les càmeres tenen una funció que us permet ajustar manualment l'exposició per fer que les vostres fotos siguin més brillants o fosques. Si la vostra escena és massa brillant i esteu perdent detalls en els moments destacats, reduir l'exposició us pot ajudar. Per contra, si la teva escena és massa fosca i estàs perdent detalls a les ombres, marcar l'exposició pot treure més detall.

Una altra tècnica és la fotografia HDR (High Dynamic Range). L'HDR consisteix a prendre diverses exposicions de la mateixa escena a diferents nivells d'exposició i, a continuació, combinar-les en el post processament per crear una única imatge amb detalls tant en les llums com en les ombres. És una mica més avançat i requereix algun programari addicional, però pot ser una eina potent per capturar escenes amb una àmplia gamma de nivells de brillantor.

I no ens oblidem d'utilitzar la llum natural o artificial al vostre avantatge. De vegades, només cal un reflector ben col·locat o un flaix col·locat estratègicament per omplir aquestes molestes ombres i equilibrar la vostra exposició.

Així que ja ho teniu, gent! L'equilibri de la llum i l'ombra consisteix en comprendre l'exposició i utilitzar tècniques com la compensació de l'exposició, la fotografia HDR i la il·luminació estratègica per capturar detalls tant en les llums més brillants com en les ombres més fosques de l'escena. Així que endavant, experimenta amb diferents tècniques i mira què funciona millor per a les teves fotos!

Capturar el moviment: consells per a la fotografia d'acció

D'acord, anem a moure's i parlar de fotografia d'acció! Tant si estàs capturant atletes enmig de la competició o la vida salvatge al seu hàbitat natural, dominar l'art de capturar el moviment pot portar les teves fotos al següent nivell.

Primer de tot, parlem de la velocitat d'obturació. Quan es tracta de fotografia d'acció, una velocitat d'obturació ràpida és el teu millor amic. Us permet congelar el moviment i capturar aquests moments de fracció de segon amb claredat i precisió. Per a la majoria de fotografies d'acció, voldreu utilitzar una velocitat d'obturació d'almenys 1/500 de segon o més. Això garantirà que els vostres subjectes estiguin nítids i enfocats, fins i tot quan es mouen a gran velocitat.

A continuació, parlem del seguiment del vostre tema. Això és especialment important quan es fotografien subjectes en moviment ràpid com ara cotxes, atletes o vida salvatge. Mantingueu el punt d'enfocament de la càmera al subjecte i feu una panoràmica suau amb ells mentre es mouen. Això us ajudarà a mantenir el tema nítid i enfocat mentre difumineu el fons, creant una sensació de velocitat i moviment a les vostres fotos.

I parlant de fons, presteu atenció al que hi ha darrere del tema. Un fons desordenat o que distreu pot reduir l'impacte de la vostra presa d'acció. Busqueu fons nets i ordenats que permetin que el vostre subjecte destaqui i prengui protagonisme.

Ara, parlem d'enquadrament i composició. Quan feu fotos d'acció, intenteu anticipar-vos al moviment del vostre subjecte i col·loqueu-vos en conseqüència. Utilitzeu les línies principals o la regla dels terços per crear composicions dinàmiques que atraguin l'atenció de l'espectador cap a l'acció. I no tingueu por d'experimentar amb diferents angles i perspectives per capturar fotografies úniques i interessants.

I finalment, no us oblideu del temps. El temps ho és tot en la fotografia d'acció. Mantingueu el dit sobre el botó de l'obturador i estigueu preparats per capturar el moment decisiu quan es presenti. De vegades, només es necessita una fracció de segon per capturar la foto perfecta, així que tingueu paciència i mantingueu la concentració.

Així que ja ho teniu, gent! Capturar el moviment consisteix a utilitzar una velocitat d'obturació ràpida, fer un seguiment del subjecte, prestar atenció al fons, enquadrar la fotografia de manera eficaç i sincronitzar l'obturador correctament. Així que agafa la teva càmera, surt-hi i comença a capturar aquests moments plens d'acció!

Fotografia de retrat: posat i comunicació

Endinsem-nos en el món de la fotografia de retrats, on capturar l'essència del tema és clau. La posada i la comunicació juguen un paper fonamental a l'hora de crear retrats impressionants que realment ressonen entre els espectadors.

Primer de tot, parlem de posar. La posada pot fer o trencar un retrat, per la qual cosa és essencial guiar el subjecte cap a posicions afavoridores i naturals. Comenceu fent que el vostre tema se senti còmode i relaxat. Animeu-los a posar-se dret o seure d'una manera que els sembli natural, evitant postures rígides o incòmodes. Presta atenció al seu llenguatge corporal i a les expressions facials i fes ajustos subtils segons sigui necessari per millorar la seva postura i l'aspecte general.

Quan es tracta de posar, sovint menys és més. En lloc de plantejar rígidament el tema, centra't a capturar la seva personalitat i caràcter. Animeu-los a interactuar amb el seu entorn, ja sigui mitjançant el moviment, l'expressió o el gest. Els moments sincers sovint poden resultar en els retrats més autèntics i convincents, així que no tingueu por de deixar que la personalitat del vostre subjecte brilli.

La comunicació és un altre aspecte crucial de la fotografia de retrat. Establir una relació amb el tema és clau per crear un ambient relaxat i agradable durant el rodatge. Preneu-vos el temps per conèixer el vostre tema, preguntar sobre els seus interessos i passions i escoltar les seves idees i preferències. Establir confiança i relació no només farà que el vostre subjecte se senti més còmode davant de la càmera, sinó que també permetrà fer retrats més genuïns i significatius.

Durant el rodatge, comuniqueu-vos de manera clara i eficaç amb el vostre subjecte. Oferiu orientació i direcció suau quan sigui necessari, proporcionant comentaris i ànims per ajudar-los a sentir-se segurs i a gust. Estigueu obert a la col·laboració i l'experimentació, permetent que el vostre subjecte s'expressi de manera creativa i aporti les seves pròpies idees al rodatge.

Finalment, no us oblideu de mantenir obertes les línies de comunicació fins i tot després del rodatge. Comparteix la teva visió i idees amb el teu subjecte i convida-los a donar comentaris sobre les imatges finals. Construir una relació de col·laboració amb el vostre subjecte pot conduir a retrats més satisfactoris i impactants a la llarga.

Així que ja ho teniu, gent! La fotografia de retrat és més que capturar una semblança: es tracta de connectar amb el subjecte a un nivell més profund i crear imatges que reflecteixin la seva personalitat i esperit únics. Així que agafa la teva càmera, crea una relació amb el teu subjecte i deixa que la seva essència brilli en els teus retrats.

Fotografia de paisatge: trobar la fotografia perfecta

Ens embarquem en una aventura pel món de la fotografia de paisatge, on captar la bellesa de la natura és el nostre objectiu final. Trobar la fotografia perfecta enmig de paisatges extensos requereix paciència, creativitat i un gran ull per als detalls.

En primer lloc, la recerca de llocs és clau. Explora diferents zones, tant familiars com noves, per descobrir paisatges únics que t'inspiren. Tingueu en compte factors com la il·luminació, les condicions meteorològiques i l'hora del dia quan planifiqueu la sessió. L'alba i la posta de sol sovint proporcionen la il·luminació més impressionant per a la fotografia de paisatges, projectant tonalitats càlides i daurades al paisatge i creant ombres i reflexos espectaculars.

Un cop hàgiu trobat la vostra ubicació, preneu-vos el temps per estudiar l'escena i identificar possibles punts focals. Busca característiques interessants com formacions rocoses, arbres, cascades o camins sinuosos que puguin servir d'ancoratge visual a la teva composició. Tingueu en compte els elements de primer pla, de mig pla i de fons per crear profunditat i dimensió a les vostres fotos.

La composició és crucial en la fotografia de paisatge. Experimenta amb diferents tècniques com la regla dels terços, les línies principals i l'enquadrament per crear composicions visualment atractives. Presta atenció a l'equilibri dels elements dins del marc i intenta crear una sensació d'harmonia i equilibri a les teves fotos.

No tingueu por de ser creatiu amb les vostres perspectives. Experimenta amb diferents angles, altures i punts de vista per trobar la composició més captivadora. De vegades, baixar baix o pujar a un terreny més alt pot transformar completament una escena i oferir una perspectiva nova.

La paciència és una virtut en la fotografia de paisatge. La mare natura no sempre coopera, així que estigueu preparats per esperar el moment perfecte per capturar la vostra foto. Sigueu pacient i observador, i estigueu preparats per aprofitar l'oportunitat quan la llum i les condicions s'alineen correctament.

Per últim, no oblidis submergir-te en el moment i connectar amb la bellesa del paisatge. Permeteu-vos estar present i experimentar plenament les meravelloses meravelloses de la natura. La teva passió i apreciació pel paisatge brillarà a les teves fotos, creant imatges que ressonen amb els espectadors a un nivell més profund.

Així que aquí ho teniu, aventurers! La fotografia de paisatge consisteix a abraçar la bellesa de la natura, explorar nous horitzons i capturar la màgia del món que ens envolta. Així que agafa la teva càmera, aventura't a l'aire lliure i deixa que els paisatges inspirin la teva creativitat.

Fotografia macro: explorant els detalls

Embarcarem en un viatge al fascinant món de la macrofotografia, on fins i tot els més petits detalls esdevenen extraordinaris. La macrofotografia ens permet explorar la intricada bellesa del món que ens envolta, capturant subjectes de prop i revelant detalls impressionants que, d'altra manera, podrien passar desapercebuts.

En primer lloc, parlem dels equips. Una lent macro dedicada és essencial per capturar imatges nítides i detallades de subjectes petits. Aquestes lents estan dissenyades per enfocar a distàncies properes i proporcionen un alt nivell d'ampliació, que us permeten capturar fins i tot els detalls més petits amb claredat i precisió. Si no teniu una lent macro, també podeu utilitzar tubs d'extensió o filtres de primer pla per aconseguir resultats semblants a macro amb la vostra lent existent.

La il·luminació és un altre aspecte crucial de la macrofotografia. Com que treballareu amb subjectes petits i distàncies properes, fins i tot els moviments lleugers poden provocar un desenfocament del moviment. Per garantir imatges nítides i clares, utilitzeu un trípode per estabilitzar la càmera i un disparador remot o un temporitzador per minimitzar el moviment de la càmera. Penseu en utilitzar una il·luminació difusa o indirecta per suavitzar les ombres dures i ressaltar els detalls complexos del tema.

Quan es tracta de composició, penseu fora de la caixa. Exploreu diferents angles, perspectives i tècniques d'enquadrament per crear imatges visualment atractives. Experimenta amb poca profunditat de camp per aïllar el tema i crear una sensació de profunditat i dimensió a les teves fotos. Presta atenció als patrons, textures i formes del tema i busca oportunitats per ressaltar aquests detalls a la teva composició.

La paciència és clau en la macrofotografia. Els subjectes petits poden ser esquitius i impredictibles, així que estigueu preparats per passar el temps observant i esperant el moment perfecte per capturar la vostra fotografia. Preneu-vos el temps per explorar les complexitats del vostre tema, experimentant amb diferents composicions i perspectives fins que trobeu l'equilibri perfecte de forma i detall.

I no us oblideu de passar-ho bé! La macrofotografia ofereix infinites oportunitats d'exploració i descoberta, que us permet veure el món d'una manera totalment nova. Abraça el repte de capturar la bellesa dels temes a petita escala i deixa que la teva creativitat es dispari.

Així que aquí ho teniu, aventurers! La macrofotografia ens convida a explorar els detalls del món que ens envolta, revelant la bellesa oculta en els subjectes més petits. Així que agafa la teva càmera, aventura't al microcosmos i deixa que els detalls complexos inspirin la teva creativitat.

Fotografia de carrer: navegar pels espais públics de manera ètica

Sortim al carrer i explorem el vibrant món de la fotografia de carrer, on cada racó conté una història pendent de ser explicada. Però abans de capbussar-nos en la captura de moments sincers en espais públics, és important tenir en compte les implicacions ètiques i les responsabilitats que comporta aquest gènere de fotografia.

En primer lloc, respecteu la privadesa i la dignitat dels vostres subjectes. Quan feu fotos a persones en espais públics, pregunteu-vos sempre si la vostra presència i la vostra càmera poden fer-los sentir incòmodes o envair la seva privadesa. Si algú expressa malestar o demana explícitament que no se'ls fotografii, respecta els seus desitjos i segueix endavant. Recordeu que les persones no són accessoris ni objectes per a les vostres fotos, sinó que són individus amb les seves pròpies vides i històries.

Tingueu en compte les sensibilitats culturals i les normes socials. Les diferents cultures tenen diferents actituds cap a la fotografia, i el que pot ser acceptable en un context podria ser ofensiu o intrusiu en un altre. Preneu-vos el temps per educar-vos sobre les normes culturals i socials de les comunitats que esteu fotografiant i aborda els vostres temes amb sensibilitat i respecte.

Considereu el context en què esteu fotografiant. Els espais públics són espais compartits, i tothom té dret a sentir-se segur i còmode al seu entorn. Tingueu en compte el vostre entorn i com la vostra presència pot afectar les persones que us envolten. Eviteu fotografiar subjectes sensibles o vulnerables sense el seu consentiment i tingueu sempre en compte les possibles conseqüències de les vostres accions.

Sigues transparent sobre les teves intencions com a fotògraf. Si algú et pregunta què estàs fent o per què li fas una foto, sigues honest i respectuós en la teva resposta. Crear confiança i relació amb els vostres subjectes pot ajudar molt a crear una fotografia de carrer autèntica i significativa.

I, finalment, tingueu en compte les implicacions ètiques de compartir les vostres fotos. Pregunteu-vos si les vostres fotos representen amb precisió les persones i les comunitats que esteu fotografiant i si compartir-les té un propòsit legítim. Tingueu en compte l'impacte potencial que les vostres fotos poden tenir en la vida dels vostres subjectes i obteniu sempre el consentiment abans de compartir imatges d'individus identificables.

En resum, la fotografia de carrer és més que capturar imatges atractives: es tracta de navegar pels espais públics de manera ètica i responsable, respectant la dignitat i la privadesa dels vostres subjectes i utilitzar la vostra càmera com a eina per explicar històries i connexió. Així que sortiu al carrer amb empatia, curiositat i respecte, i deixeu que les històries de la ciutat es desenvolupin davant la vostra lent.

Fotografia d'esdeveniments: capturant moments amb gràcia

Entrem en el món dinàmic de la fotografia d'esdeveniments, on cada clic de l'obturador té el potencial de congelar un moment en el temps i conservar els records estimats. Tant si es tracta d'un casament, una festa d'aniversari o un esdeveniment corporatiu, la fotografia d'esdeveniments consisteix a capturar l'essència i l'atmosfera de l'ocasió amb gràcia i delicadesa.

En primer lloc, abordar cada esdeveniment amb una actitud positiva i professional. Com a fotògraf d'esdeveniments, no ets només un documentalista; també ets un contacontes, encarregat de captar les emocions, les interaccions i els moments especials que es desenvolupen al llarg de l'esdeveniment. Estigueu preparats per adaptar-vos a diferents situacions i entorns, i esforçeu-vos sempre per mantenir un comportament tranquil i compost, fins i tot enmig del caos.

La comunicació és clau en la fotografia d'esdeveniments. Abans que comenci l'esdeveniment, preneu-vos el temps per reunir-vos amb els vostres clients o organitzadors d'esdeveniments per discutir les seves expectatives, preferències i qualsevol fotografia específica que vulguin capturar. L'establiment de línies clares de comunicació i comprensió garantirà que pugueu lliurar fotos que compleixin les seves necessitats i superin les seves expectatives.

Durant l'esdeveniment, sigueu proactius i compromesos. Anticipeu els moments clau i estigueu preparats per capturar-los a mesura que succeeixen. Busqueu interaccions sinceres, emocions genuïnes i moments espontanis d'alegria o celebració. No tinguis por de ser creatiu amb les teves composicions i perspectives, però sempre prioritza captar l'essència i l'atmosfera de l'esdeveniment a les teves fotos.

Sigueu respectuosos amb els límits i la privadesa dels vostres subjectes. Tot i que és important capturar moments autèntics i sincers, també ho és fer-ho d'una manera que respecti la dignitat i la privadesa de les persones que esteu fotografiant. Eviteu interferir en moments íntims o personals, i obteniu sempre el consentiment abans de fer primers plans o fotografies sinceres de persones.

Després de l'esdeveniment, preneu-vos el temps per curar i editar les vostres fotos amb cura. Trieu les millors imatges que expliquin la història de l'esdeveniment i mostrin les emocions i els moments més destacats del dia. Presta atenció a la correcció del color, l'exposició i la composició per assegurar-te que les teves fotos siguin de la màxima qualitat i reflecteixin l'esperit de l'esdeveniment.

En resum, la fotografia d'esdeveniments és més que fer fotos: es tracta de capturar moments amb gràcia, sensibilitat i professionalitat. En abordar cada esdeveniment amb empatia, comunicació i respecte pels teus temes, podràs crear fotos que no només documentin l'ocasió, sinó que també preservin els records i les emocions que la fan especial.

Fotografia d'arquitectura: Disseny destacat i detall

Benvinguts al món de la fotografia d'arquitectura, on cada edifici explica una història i cada detall parla molt sobre la creativitat i la visió del seu dissenyador. La fotografia arquitectònica consisteix a capturar la bellesa, la forma i la funcionalitat dels edificis d'una manera que destaqui el seu disseny i detall únics.

En primer lloc, preneu-vos el temps per estudiar i entendre l'arquitectura que esteu fotografiant. Preste atenció a les línies, formes i textures de l'edifici, així com a la seva estètica i finalitat generals. Tingueu en compte les intencions de l'arquitecte i el context en què es va dissenyar l'edifici i esforçeu-vos per capturar aquests elements a les vostres fotos.

La il·luminació té un paper crucial en la fotografia arquitectònica. Fixeu-vos en la direcció i la qualitat de la llum, així com l'hora del dia, quan planifiqueu la sessió. La llum suau i difusa pot ajudar a ressaltar els detalls i les textures de l'edifici, mentre que la llum dura i directa pot crear ombres i contrastos espectaculars. Experimenta amb diferents condicions d'il·luminació per trobar els efectes més afavoridors i impactants per a les teves fotos.

La composició és clau en la fotografia d'arquitectura. Busqueu angles, perspectives i punts de vista interessants que mostrin l'edifici amb la seva millor llum. Penseu en l'ús de línies, simetria i tècniques d'enquadrament per crear composicions dinàmiques i visualment atractives. Fixeu-vos en l'equilibri i la simetria dels elements de l'edifici i esforçeu-vos per crear composicions que siguin alhora estèticament agradables i intel·lectualment estimulants.

Quan feu fotos de detalls arquitectònics, no tingueu por d'apropar-vos de prop i de manera personal. Apropeu-vos a patrons, textures i materials complexos per capturar el caràcter i l'artesania únics de l'edifici. Busqueu oportunitats per destacar funcions interessants com finestres, portes, columnes i façanes, i experimenteu amb diferents distàncies focals i obertures per crear profunditat i dimensió a les vostres fotos.

I, finalment, no us oblideu del postprocessament. Utilitzeu programari d'edició per afinar les vostres imatges, ajustant el balanç de color, el contrast i l'exposició per millorar la bellesa i l'impacte de l'arquitectura. Presta atenció a detalls com la correcció de la perspectiva i la distorsió de la lent, i busca un acabat net i polit que ressalti el disseny i els detalls arquitectònics.

En resum, la fotografia d'arquitectura és més que fer fotos d'edificis: es tracta de capturar l'essència i l'esperit de l'arquitectura d'una manera que en ressalti la bellesa, la forma i la funcionalitat. En parar atenció a la il·luminació, la composició i els detalls, i abordar cada edifici amb curiositat, creativitat i respecte, podreu crear fotos que no només documentin l'arquitectura, sinó que també celebrin el seu caràcter i significació únics.

Fotografia de viatges: documentant les teves aventures

Benvingut a l'apassionant món de la fotografia de viatges, on cada destinació és una nova oportunitat per capturar la bellesa, la cultura i l'esperit dels llocs que visiteu. Tant si estàs explorant paisatges exòtics, submergint-te en ciutats vibrants o experimentant noves cultures, la fotografia de viatges et permet documentar les teves aventures i compartir les teves experiències amb el món.

En primer lloc, submergeix-te en el moment i abraça l'esperit d'aventura. La fotografia de viatges no és només fer fotos, sinó que es tracta d'explicar històries i capturar l'essència del vostre viatge. Sigues curiós, obert i disposat a explorar nous llocs i cultures amb una sensació de meravella i emoció.

Quan planifiqueu les vostres aventures fotogràfiques de viatge, preneu-vos el temps per investigar les vostres destinacions i identificar els punts clau d'interès. Tingueu en compte els llocs emblemàtics, les meravelles naturals i les atraccions culturals que voleu fotografiar, així com les joies amagades i els llocs fora dels camins habituals que ofereixen oportunitats úniques d'exploració i descoberta.

La il·luminació és fonamental en la fotografia de viatges. Fixeu-vos en la qualitat i la direcció de la llum, així com l'hora del dia, quan planifiqueu els vostres brots. A primera hora del matí i la tarda s'anomenen sovint les hores daurades, ja que ofereixen una llum suau i càlida que és ideal per a la fotografia. Tanmateix, no tingueu por d'experimentar amb diferents condicions d'il·luminació i tècniques de rodatge per capturar l'estat d'ànim i l'atmosfera de cada lloc.

La composició és clau en la fotografia de viatges. Busqueu angles, perspectives i punts de vista interessants que mostrin la bellesa i la singularitat del vostre entorn. Utilitzeu línies principals, simetria i tècniques d'enquadrament per crear composicions visualment atractives que atraguin l'atenció de l'espectador a l'escena.

No oblidis capturar els petits moments i detalls que fan que cada destinació sigui especial. Tant si es tracta d'un mercat local, d'un mural colorit o d'una cerimònia cultural tradicional, aquests petits moments sovint poden explicar les històries més convincents i evocar les emocions més fortes a les teves fotos.

Finalment, no tinguis por d'experimentar i divertir-te amb la teva fotografia. La fotografia de viatges consisteix a acceptar l'inesperat i aprofitar el moment, així que no tinguis por de sortir de la teva zona de confort i provar coses noves. Confia en els teus instints, segueix la teva passió i deixa que la teva creativitat us guiï mentre documenteu les vostres aventures i compartiu les vostres històries amb el món.

En resum, la fotografia de viatges és més que fer fotos: es tracta de capturar la màgia de les teves aventures i compartir les teves experiències amb els altres. Submergint-te en el moment, abraçant l'esperit d'aventura i apropant-te a cada destinació amb curiositat, creativitat i respecte, podràs crear fotos que no només documentin els teus viatges, sinó que també inspirin els altres a explorar el món que els envolta.

Fotografia de vida salvatge: observació respectuosa i seguretat

Benvingut a l'emocionant món de la fotografia de vida salvatge, on cada trobada amb la natura és una oportunitat per capturar la bellesa i la majestuositat del regne animal. Però amb grans oportunitats aporten grans responsabilitats, sobretot quan es tracta de respectar la vida salvatge i garantir la vostra pròpia seguretat.

En primer lloc, prioritza el benestar i la seguretat dels animals que fotografies. Recordeu que sou un hoste al seu hàbitat natural i que la vostra presència no els hauria de causar un estrès o un dany excessiu. Mantingueu una distància de seguretat amb els animals salvatges i eviteu molestar-los o provocar-los de cap manera. Utilitzeu un teleobjectiu per capturar primers plans des de la distància sense interferir en el seu espai.

Sigues pacient i observador. La fotografia de vida salvatge requereix temps i paciència, així com una gran atenció als detalls i al comportament. Preneu-vos el temps per observar els vostres subjectes des de la distància i aprendre els seus hàbits i rutines. Busqueu oportunitats per capturar comportaments i interaccions naturals, en lloc d'intentar posar en escena o manipular l'escena.

Respectar les àrees protegides i la normativa sobre vida salvatge. Molts hàbitats naturals estan protegits per llei, i pertorbar o danyar la vida salvatge en aquestes zones pot tenir conseqüències greus. Familiaritzeu-vos amb les normatives i directrius locals per a la fotografia de vida salvatge i seguiu-les sempre al peu de la lletra.

Practicar tècniques de fotografia ètica. Eviteu utilitzar esquers, trucades o altres mètodes per atraure o manipular la vida salvatge pel bé d'una foto. Respecteu els límits i limitacions establerts per les organitzacions de conservació de la vida salvatge i les directrius de fotografia ètica. Recordeu que el benestar dels animals sempre ha de ser el primer.

Manteniu-vos segur en tot moment. La fotografia de vida salvatge pot ser estimulant, però també pot ser perillosa si no es prenen les precaucions adequades. Tingueu en compte el vostre entorn i els perills potencials, com ara terrenys escarpats, temps impredictible o animals agressius. Mantingueu sempre una distància de seguretat amb la vida salvatge i mai no us acosteu ni intenteu tocar-los.

En resum, la fotografia de vida salvatge és una activitat emocionant i gratificant, però també comporta grans responsabilitats. Respectant la vida salvatge, practicant tècniques de fotografia ètiques i prioritzant la seguretat en tot moment, podeu capturar imatges impressionants alhora que garanteix el benestar dels animals i de vosaltres mateixos. Així que agafa la teva càmera, aventura't a la natura i deixa que la bellesa de la natura inspiri la teva fotografia.

Conceptes bàsics d'edició: millora de les teves fotos

Benvingut al món de l'edició de fotos, on pots fer que les teves fotos siguin bones o genials amb només uns quants retocs i ajustos. Tant si sou un principiant com un professional experimentat, dominar els conceptes bàsics de l'edició de fotografies us pot ajudar a millorar les vostres fotos i a treure tot el seu potencial.

Primer de tot, trieu el programari d'edició adequat per a les vostres necessitats. Hi ha moltes opcions, des d'aplicacions senzilles per a telèfons intel·ligents fins a potents programes d'escriptori. Experimenteu amb diferents programaris fins que trobeu un que s'adapti al vostre flux de treball i ofereix les funcions que necessiteu per aconseguir els resultats desitjats.

Un cop hàgiu escollit el vostre programari d'edició, familiaritzeu-vos amb les seves eines i funcions bàsiques. La majoria del programari d'edició oferirà eines per ajustar l'exposició, el contrast, l'equilibri de color i la nitidesa, així com funcions més avançades com l'edició i el retoc selectiu. Preneu-vos el temps per explorar aquestes eines i experimentar amb diferents ajustos per veure com afecten les vostres fotos.

Quan es tracta d'edició, sovint menys és més. Resisteix la temptació d'exagerar amb filtres i efectes, i centra't en fer ajustos subtils i d'aspecte natural que millorin l'aspecte general de les teves fotos. Presta atenció a detalls com l'exposició, l'equilibri de color i la composició, i intenta crear una imatge equilibrada i harmoniosa.

Comenceu fent ajustos globals a tota la vostra imatge, com ara ajustar l'exposició i el contrast per treure detalls a les ombres i els clars. A continuació, passeu a ajustos més específics, com ara ajustar colors o tons individuals per crear un estat d'ànim o una atmosfera específics.

No tinguis por d'experimentar i provar coses noves. L'edició és un procés creatiu i no hi ha cap manera correcta de fer-ho. Confia en els teus instints i deixa que la teva creativitat et guiï mentre explores diferents tècniques i efectes.

I, finalment, no oblideu desar les modificacions com a fitxer nou o fer una còpia de seguretat de la vostra foto original abans de començar a editar-la. D'aquesta manera, sempre podeu tornar a l'original si no esteu satisfet amb els resultats, o si voleu provar un enfocament diferent.

En resum, l'edició de fotografies és una eina poderosa per millorar les teves fotos i treure tot el seu potencial. Dominant els conceptes bàsics del programari d'edició, experimentant amb diferents ajustaments i efectes i confiant en el vostre instint creatiu, podeu portar les vostres fotos al següent nivell i crear imatges impressionants que realment destaquin. Així que agafa la teva càmera, comença a disparar i deixa que la teva creativitat brilli en les teves edicions.

Introducció al programari d'edició de fotografies

Benvingut al món del programari d'edició de fotografies, on tens el poder de transformar les teves fotos i alliberar la teva creativitat. Tant si sou un principiant que busca millorar les vostres instantànies o un professional experimentat que busca la perfecció, el programari d'edició de fotografies ofereix una àmplia gamma d'eines i funcions per ajudar-vos a assolir la vostra visió.

El programari d'edició de fotografies té moltes formes i mides, que van des d'aplicacions mòbils senzilles fins a programes d'escriptori sofisticats. Algunes opcions populars inclouen Adobe Photoshop, Adobe Lightroom, Capture One, GIMP i Affinity Photo, entre d'altres. Cada programari té les seves pròpies característiques i capacitats úniques, per la qual cosa és important triar-ne un que s'adapti a les vostres necessitats i preferències.

En el seu nucli, el programari d'edició de fotografies us permet fer una àmplia gamma d'ajustaments a les vostres fotos, com ara l'exposició, l'equilibri de color, el contrast, la nitidesa i molt més. També podeu retallar i redreçar les vostres imatges, eliminar objectes o taques no desitjats i aplicar efectes i filtres creatius per millorar l'aspecte general de les vostres fotos.

Un dels avantatges clau del programari d'edició de fotografies és el seu flux de treball d'edició no destructiu. Això vol dir que la vostra foto original roman intacta i que totes les edicions s'apliquen a una capa o fitxer separat, la qual cosa us permetrà tornar a l'original en qualsevol moment. Això us dóna la llibertat d'experimentar i provar coses noves sense preocupar-vos d'arruïnar la vostra imatge original.

La majoria del programari d'edició de fotos també ofereix potents eines d'organització i gestió del flux de treball, que us permeten importar, organitzar i categoritzar les vostres fotos amb facilitat. Podeu crear carpetes i àlbums personalitzats, afegir paraules clau i metadades a les vostres imatges i, fins i tot, processar per lots diverses fotos alhora per estalviar temps i agilitzar el vostre flux de treball.

Tant si sou un aficionat com un fotògraf professional, dominar el programari d'edició de fotografies és una habilitat essencial que pot portar les vostres fotos al següent nivell. En familiaritzar-se amb les eines i les funcions del programari escollit, experimentar amb diferents tècniques i efectes i confiar en els vostres instints creatius, podeu desbloquejar tot el potencial de les vostres fotos i crear imatges impressionants que realment destaquin.

Així, tant si estàs editant a l'ordinador com si et mous amb el teu telèfon intel·ligent, submergeix-te en el món del programari d'edició de fotos i deixa anar la teva creativitat avui mateix!

Comprendre la correcció de color i el balanç de blancs

D'acord, parlem de la correcció de color i el balanç de blancs: dos aspectes essencials de l'edició de fotos que poden marcar una gran diferència en l'aspecte i la sensació de les teves fotos. Bàsicament, la correcció del color és com ajustar els colors de la vostra imatge per fer-los veure el més naturals i reals possibles. I el balanç de blancs? Bé, això es tracta d'assegurar-se que els blancs de la teva foto realment semblin blancs, independentment del tipus de condicions d'il·luminació que hagis fet.

Aleshores, per què importa la correcció del color? Bé, us heu fet alguna vegada una foto i us heu adonat que els colors es veuen una mica desagradables? Potser els verds estan massa saturats, o els blaus semblen massa genials. Aquí és on entra en joc la correcció del color. En ajustar els nivells de diferents colors a la imatge, podeu crear un resultat més equilibrat i visualment agradable.

Ara, parlem del balanç de blancs. Alguna vegada has fet una foto a l'interior i has notat que tot sembla taronja? O potser us heu fet una foto fora en un dia ennuvolat i tot sembla una mica massa blau. Això és perquè les diferents condicions d'il·luminació poden afectar la temperatura de color de les teves fotos. El balanç de blancs us permet ajustar la temperatura de color de la vostra imatge per assegurar-vos que els blancs semblin blancs, independentment de les condicions d'il·luminació.

La majoria del programari d'edició de fotografies oferirà eines i ajustos predefinits per a la correcció del color i el balanç de blancs, de manera que és fàcil ajustar els colors i els tons de les imatges amb només uns quants clics. Experimenta amb diferents configuracions i ajustos fins que trobis l'equilibri adequat per a la teva foto.

I recordeu que no hi ha un enfocament únic per a la correcció de color i el balanç de blancs. Es tracta de trobar l'equilibri adequat que funcioni per a la teva foto i millori el seu aspecte i sensació generals. Així que no tingueu por d'experimentar i confieu en els vostres instints creatius. Amb una mica de pràctica, seràs un geni de correcció de color i balanç de blancs en molt poc temps!

Tècniques de retoc: millora dels retrats

D'acord, endinsem-nos en el món del retoc, on podem transformar els retrats de fantàstics a impressionants! El retoc consisteix a millorar la bellesa natural dels vostres subjectes i alhora mantenir les coses autèntiques i reals. Tant si esteu eliminant taques, suavitzant la pell o ajustant colors i tons, el retoc us pot ajudar a crear retrats que realment brillin.

Primer de tot, parlem del retoc de la pell. Les taques, les arrugues i les imperfeccions són una part natural de la vida, però això no vol dir que hagin d'estar al davant i al centre dels vostres retrats. Utilitzeu eines i raspalls de curació per eliminar amb suavitat les taques o taques que distreuen, amb compte de no excedir-ho i fer que el vostre subjecte sembli una nina de porcellana.

A continuació, suavitzem la pell. Ara, aquí és on les coses poden ser una mica complicades. Voleu igualar el to i la textura de la pell sense obliterar completament els contorns i trets naturals de la cara del vostre subjecte. Utilitzeu eines com el segell de clons o la separació de freqüències per barrejar i suavitzar les zones de textura desigual, tenint en compte mantenir un aspecte i una sensació naturals.

Els ajustaments de color i to també poden ajudar a millorar els vostres retrats. Utilitzeu capes d'ajust i corbes per afinar els colors i els tons de la vostra imatge, assegurant-vos que la pell del subjecte sembli sana i vibrant sense semblar massa saturat o poc natural. Fixeu-vos en detalls com les ombres i les llums, i feu ajustos subtils per treure el millor de les característiques del vostre subjecte.

I no us oblideu dels ulls! Els ulls són les finestres de l'ànima, com diuen, així que assegura't que siguin brillants i plens de vida als teus retrats. Utilitzeu eines d'esquivar i cremar per il·luminar i millorar els ulls, afegint profunditat i dimensió a la mirada del subjecte.

Finalment, recordeu que menys sovint és més quan es tracta de retocs. L'objectiu és millorar la bellesa natural del subjecte, no alterar-ne completament l'aspecte. Sigueu subtils i restringits en les vostres tècniques de retoc, i tingueu sempre present la integritat i l'autenticitat del tema.

En resum, el retoc és una eina poderosa per millorar els retrats i treure el millor dels teus subjectes. Mitjançant una combinació d'eines de curació, tècniques de suavització de la pell, ajustos de color i to i una atenció acurada als detalls, podeu crear retrats que brillin de debò. Així que agafa la teva càmera, comença a disparar i deixa que la teva creativitat es dispari mentre retoques el teu camí cap a retrats impressionants!

Creació de fotografies en blanc i negre impressionants

Explorem el món captivador de la fotografia en blanc i negre, on els tons de gris poden evocar emoció, drama i elegància atemporal. Tant si estàs capturant paisatges, retrats o escenes de carrer, la fotografia en blanc i negre ofereix una oportunitat única per crear imatges sorprenents que resisteixen el pas del temps.

En primer lloc, parlem del poder del contrast. En la fotografia en blanc i negre, el contrast és clau per crear profunditat i dramatisme a les vostres imatges. Busqueu escenes amb llum i ombra fortes, així com textures i patrons interessants que apareguin en blanc i negre. Experimenta amb diferents condicions d'il·luminació i configuracions d'exposició per maximitzar el contrast de les teves fotos.

La composició és un altre aspecte crucial de la fotografia en blanc i negre. Sense la distracció del color, els elements de la composició, com la línia, la forma i la forma, prenen el protagonisme. Busqueu línies i formes contundents que condueixin l'ull de l'espectador a través de la imatge i experimenteu amb diferents angles i perspectives per crear composicions dinàmiques.

Presta atenció a la gamma tonal de les teves fotos. La fotografia en blanc i negre consisteix a capturar una àmplia gamma de tons, des de negres profunds fins a blancs brillants i tot el que hi ha entremig. Utilitzeu un programari d'edició per ajustar l'equilibri tonal de les vostres imatges, assegurant-vos de preservar els detalls tant en les llums com en les ombres.

No tingueu por d'experimentar amb filtres i efectes per millorar l'estat d'ànim i l'atmosfera de les vostres fotos en blanc i negre. Un filtre vermell, per exemple, pot aprofundir les ombres i afegir dramatisme a les vostres imatges, mentre que un filtre blau pot crear un aspecte més fresc i eteri. Juga amb diferents efectes fins que trobis el perfecte per a la teva foto.

I finalment, practica, practica, practica! Com qualsevol forma de fotografia, crear imatges impressionants en blanc i negre requereix temps i dedicació. Preneu-vos el temps per estudiar el treball dels mestres fotògrafs en blanc i negre i practiqueu les vostres habilitats sempre que pugueu. Amb paciència i perseverança, podreu capturar imatges en blanc i negre impressionants que deixen una impressió duradora.

En resum, la fotografia en blanc i negre ofereix una oportunitat única per crear imatges atemporals i evocadores que destaquen entre la multitud. Dominant els principis de contrast, composició, gamma tonal i experimentació, podeu crear impressionants fotos en blanc i negre que capturen la bellesa i l'essència del món que us envolta. Així que agafa la teva càmera, abraça la paleta monocroma i deixa volar la teva creativitat mentre explores el captivador món de la fotografia en blanc i negre!

Impressió i visualització de les vostres fotos

Ara que has capturat i editat les teves impressionants fotos, és hora de donar-les vida al món físic. Tant si esteu imprimint les vostres fotos per penjar-les a la paret, crear un àlbum de fotos o mostrar-les en una galeria, hi ha algunes coses a tenir en compte per assegurar-vos que les vostres fotos tinguin el millor aspecte.

Primer de tot, trieu el mètode d'impressió i el paper adequats. Hi ha infinitat d'opcions disponibles, des d'impressions tradicionals en paper brillant o mat fins a opcions més modernes com impressions metàl·liques o embolcalls de tela. Tingueu en compte l'estil i l'estètica de les vostres fotografies, així com on es mostraran, a l'hora de triar el mètode d'impressió i el tipus de paper adequats.

Quan es tracta d'imprimir, la resolució és clau. Assegureu-vos que les vostres fotografies siguin d'alta resolució i que tinguin la mida adequada per a la mida d'impressió que voleu. Això garantirà que les vostres impressions siguin nítides, clares i lliures de pixelació o distorsió. Si no esteu segur de la resolució de les vostres fotografies, consulteu el vostre servei d'impressió o consulteu les seves directrius per obtenir una qualitat d'impressió òptima.

Tingueu en compte les opcions d'enquadrament i estora per a les vostres impressions. Un marc i una catifa ben escollits poden millorar l'aspecte i la sensació general de les teves fotos, complementant el seu estil i estètica. Experimenta amb diferents opcions d'enquadrament per trobar la combinació perfecta que ressalti les teves fotos i afegeixi un toc d'elegància a la teva pantalla.

Si esteu creant un àlbum de fotos o un llibre, presteu atenció a la disposició i el disseny. Organitza les teves fotos de manera que expliqui una història o ressalti un tema, i afegeix subtítols o anotacions per proporcionar context i millorar la comprensió de la teva obra per part de l'espectador. Preneu-vos el temps per dissenyar un disseny que flueixi sense problemes i mostri les vostres fotos amb la millor llum possible.

I, finalment, no oblideu protegir les vostres impressions de danys i deteriorament. Utilitzeu materials de qualitat d'arxiu i vidre o acrílic amb protecció UV per protegir les vostres impressions de la decoloració, la decoloració i el dany ambiental. Les tècniques d'enquadrament i visualització adequades poden ajudar a garantir que les vostres impressions es mantinguin vibrants i belles durant els propers anys.

En resum, imprimir i mostrar les teves fotos és un pas important en el procés creatiu, ja que et permet compartir el teu treball amb el món i gaudir-ne al teu propi espai. Si escolliu el mètode d'impressió i el paper adequats, prestant atenció a les opcions de resolució i enquadrament i prenent mesures per protegir les vostres impressions, podeu crear pantalles impressionants que mostrin les vostres fotos amb tota la seva esplendor. Així que endavant, imprimeix les teves fotos, mostra-les amb orgull i deixa que brilli la teva creativitat!

Construeix el teu portafoli de fotografia

D'acord, parlem de la creació d'una cartera de fotografies que mostri el vostre talent, estil i visió. Tant si esteu començant com si voleu portar la vostra carrera fotogràfica al següent nivell, una cartera sòlida és essencial per atraure clients, assegurar-vos concerts i mostrar el vostre treball al món.

El primer és el primer, selecciona el teu millor treball. La vostra cartera és un reflex de les vostres habilitats i creativitat, així que trieu les vostres fotos amb prudència. Seleccioneu una àmplia gamma d'imatges que demostrin la vostra versatilitat com a fotògraf, tot mantenint un estil i una estètica cohesionats. Apunta a la qualitat per sobre de la quantitat i sigues despietat en el teu procés de selecció: només inclou imatges que representin realment el teu millor treball i mostrin la teva visió única.

Considereu l'estructura i l'organització de la vostra cartera. Penseu en la història que voleu explicar amb el vostre treball i organitzeu les vostres fotos de manera que flueixin sense problemes i atraguin l'espectador. Pots optar per organitzar la teva cartera per tema, gènere o estil, o organitzar les teves fotos en ordre cronològic per mostrar el teu creixement i desenvolupament com a fotògraf. Sigui quin sigui l'enfocament que trieu, assegureu-vos que la vostra cartera sigui fàcil de navegar i visualment atractiu.

La presentació és clau quan es tracta de la vostra cartera. Invertiu en un llibre de cartera d'alta qualitat o creeu una cartera en línia elegant que mostri el vostre treball amb la millor llum possible. Fixeu-vos en detalls com ara el disseny, el disseny i la tipografia, i assegureu-vos que la vostra cartera sigui polida i d'aspecte professional. Recordeu que la vostra cartera és sovint la primera impressió que caureu als possibles clients o col·laboradors, així que feu que valgui!

No tingueu por d'actualitzar i actualitzar la vostra cartera amb regularitat. A mesura que creixes i evoluciones com a fotògraf, la teva cartera hauria de reflectir el teu progrés i reflectir el teu estil i estètica actuals. Manteniu la vostra cartera dinàmica i actualitzada afegint treballs nous i eliminant les imatges més antigues que ja no representen el vostre millor treball.

I, finalment, no us oblideu de promocionar la vostra cartera i compartir-la amb el món. Utilitzeu les xarxes socials, el vostre lloc web i els esdeveniments de xarxes per mostrar el vostre treball i connectar amb clients i col·laboradors potencials. Sigueu proactius a l'hora de buscar oportunitats per compartir la vostra cartera i fer veure el vostre treball per tantes persones com sigui possible.

En resum, crear una cartera de fotografia consisteix a curar el vostre millor treball, organitzar-lo de manera eficaç i presentar-lo d'una manera que mostri el vostre talent i visió. Si seleccioneu les vostres millors imatges, organitzeu-les amb cura i presenteu-les de manera professional, podeu crear una cartera que destaqui entre la multitud i us ajudi a assolir els vostres objectius de fotografia. Així que surt-hi, comença a disparar i crea la cartera dels teus somnis!

Drets d'autor i propietat intel·lectual: protecció del vostre treball

D'acord, parlem de la protecció del vostre treball creatiu de l'ús no autoritzat i de les infraccions. Com a fotògraf, les teves imatges són el teu mitjà de subsistència, per la qual cosa és important entendre els teus drets i prendre mesures per protegir-les del mal ús.

En primer lloc, parlem dels drets d'autor. Els drets d'autor són un dret legal que us atorga el control exclusiu sobre l'ús i la distribució del vostre treball creatiu. Com a creador de les teves fotos, en tens automàticament els drets d'autor tan bon punt es creïn. Això vol dir que teniu el dret exclusiu de reproduir, distribuir i mostrar les vostres fotos, així com el dret de crear obres derivades basades en elles.

Per protegir encara més els vostres drets d'autor, considereu registrar les vostres fotos a l'oficina de drets d'autor del vostre país. Tot i que la protecció dels drets d'autor és automàtica, el registre ofereix avantatges legals addicionals i facilita l'execució dels vostres drets als tribunals si s'infringeix el vostre treball.

Quan es tracta de compartir les vostres fotos en línia, penseu a utilitzar marques d'aigua o incrustar informació de drets d'autor a les vostres imatges per dissuadir-ne l'ús no autoritzat. Tot i que les filigranes poden ser una mica intrusives, també poden ajudar a identificar el vostre treball i dissuadir els possibles infractors de robar les vostres fotos.

Estigueu atents a la supervisió de l'ús de les vostres fotos en línia. Utilitzeu eines de cerca inversa d'imatges per fer un seguiment d'on s'utilitzen les vostres fotos i feu accions per solucionar qualsevol ús o infracció no autoritzat. Això pot implicar l'enviament de cartes de cessament i desistiment, la presentació d'avisos de retirada de la DMCA o la presentació d'accions legals contra els infractors.

Penseu en donar una llicència a les vostres fotos per a ús comercial. En donar una llicència a les teves fotos, pots concedir permís a altres per utilitzar el teu treball a canvi d'una tarifa o una altra compensació. Hi ha diversos tipus de llicències disponibles, des de llicències lliures de drets d'autor que permeten l'ús il·limitat de les vostres fotos fins a llicències de drets gestionats que restringeixen l'ús en funció de factors com la durada, la ubicació geogràfica i l'ús previst.

I, finalment, educa't sobre la llei de drets d'autor i els drets de propietat intel·lectual. Com més sàpigues sobre els teus drets i com protegir-los, més equipat estaràs per defensar el teu treball contra les infraccions i l'ús no autoritzat.

En resum, protegir el vostre treball de l'ús i la infracció no autoritzats és essencial per preservar els vostres drets com a fotògraf i salvaguardar el vostre mitjà de subsistència. En entendre la llei de drets d'autor, registrar el vostre treball, utilitzar marques d'aigua, controlar l'ús, llicenciar les vostres fotos i mantenir-vos informat sobre els vostres drets, podeu prendre mesures proactives per protegir el vostre treball creatiu i assegurar-vos que rebeu el crèdit i la compensació adequats pels vostres esforços. Així que sigueu proactius, estigueu atents i protegiu la vostra feina d'un mal ús i d'infraccions!

Etiqueta de xarxes socials per a fotògrafs

D'acord, aprofundim en les coses a fer i a no fer de l'etiqueta de les xarxes socials per als fotògrafs. Les xarxes socials són una eina poderosa per mostrar el vostre treball, connectar amb altres fotògrafs i relacionar-vos amb el vostre públic, però és important utilitzar-lo de manera responsable i respectuosa.

Primer de tot, parlem de compartir la teva feina. Les xarxes socials són una gran plataforma per mostrar les teves fotos i arribar a un públic més ampli, però és important ser selectiu sobre el que comparteixes. Publica només el teu millor treball: les imatges que representen realment el teu estil i visió com a fotògraf. La qualitat per sobre de la quantitat és clau, així que resisteix la necessitat d'inundar els canals dels teus seguidors amb cada foto que hagis fet mai.

Quan compartiu les vostres fotos a les xarxes socials, assegureu-vos de donar crèdit a on es deu. Si torneu a publicar el treball d'una altra persona, demaneu sempre permís primer i doneu-li el crèdit adequat al subtítol. De la mateixa manera, si compartiu una foto que s'ha inspirat en el treball d'una altra persona, assegureu-vos de reconèixer-la i donar-li crèdit per la inspiració.

Interacciona amb el teu públic d'una manera significativa. Respondre comentaris i missatges, fer preguntes i fomentar la conversa. Les xarxes socials es refereixen a crear connexions i fomentar relacions, així que preneu-vos el temps per interactuar amb els vostres seguidors i demostrar-los que valoreu el seu suport i comentaris.

Sigueu respectuosos amb els altres fotògrafs i el seu treball. Eviteu fer comentaris negatius o menyspreables sobre altres fotògrafs o les seves fotos, encara que personalment no us agradi el seu estil o la temàtica. Recordeu que la fotografia és subjectiva, i el que una persona estima, una altra potser no, i això està bé!

Eviteu utilitzar les xarxes socials per emetre queixes o queixar-vos sobre clients, col·legues o altres fotògrafs. Mantingueu les vostres interaccions professionals i positives, i recordeu que les xarxes socials són un fòrum públic on qualsevol persona pot veure les vostres publicacions.

I, finalment, tingueu en compte els drets d'autor i de propietat intel·lectual. No utilitzeu les fotos d'una altra persona sense permís i doneu sempre crèdit quan compartiu o torneu a publicar el treball d'una altra persona. Respecteu els drets dels altres fotògrafs, tal com voldríeu que respectin els vostres.

En resum, l'etiqueta de les xarxes socials per als fotògrafs consisteix a utilitzar la plataforma de manera responsable i respectuosa. Si compartiu el vostre millor treball, atorgueu el crèdit on es mereix, interactueu amb el vostre públic, respecteu els altres fotògrafs i respecteu els drets d'autor i de propietat intel·lectual, podeu utilitzar les xarxes socials per mostrar el vostre talent i connectar amb altres fotògrafs i entusiastes de la fotografia a una manera positiva i significativa. Així que endavant, comparteix el teu treball, participa amb el teu públic i gaudeix de la increïble comunitat que ofereixen les xarxes socials!

Treball en xarxa i col·laboració a la comunitat de fotografia

D'acord, parlem del poder del treball en xarxa i la col·laboració a la comunitat de fotografia. Establir relacions amb altres fotògrafs i col·laborar en projectes pot obrir noves oportunitats, ampliar les teves habilitats i inspirar la teva creativitat.

En primer lloc, parlem del treball en xarxa. El treball en xarxa consisteix a establir connexions i establir relacions amb altres fotògrafs, professionals del sector i clients potencials. Assisteix a trobades, tallers i conferències de fotografia, uneix-te a fòrums i comunitats de fotografia en línia i participa amb altres fotògrafs a les xarxes socials. Preneu-vos el temps per presentar-vos, fer preguntes i conèixer altres fotògrafs de la vostra zona o nínxol.

La creació de xarxes no només consisteix a establir connexions, sinó que també es tracta de fomentar aquestes connexions al llarg del temps. Mantingueu-vos en contacte amb els vostres contactes, feu un seguiment després de reunions o esdeveniments i busqueu oportunitats per col·laborar o donar suport mútuament al treball dels altres. La creació d'una xarxa sòlida de contactes pot obrir noves oportunitats de col·laboració, referències i suport mutu.

La col·laboració és una altra manera poderosa de créixer i aprendre com a fotògraf. Tant si es tracta d'unir-se amb altres fotògrafs en un projecte creatiu, associar-se amb models o estilistes per a una sessió de fotos o treballar amb clients per donar vida a la seva visió, la col·laboració us permet agrupar els vostres talents i recursos per crear quelcom més gran que la suma de la seva visió. parts.

Quan es col·labora amb altres, la comunicació és clau. Definiu clarament els rols i les expectatives per endavant, discutiu la visió creativa i els objectius del projecte i establiu un calendari i un flux de treball que funcionin per a tots els implicats. Estigueu oberts als comentaris i idees dels vostres col·laboradors, i estigueu disposats a comprometre's i trobar punts en comú per aconseguir el millor resultat possible.

La col·laboració no és només treballar amb altres fotògrafs, sinó també aprendre d'ells. Estigueu obert a aprendre noves tècniques, experimentar amb diferents estils i sortir de la vostra zona de confort. Treballar amb altres us pot ajudar a ampliar les vostres habilitats, obtenir noves idees i créixer com a fotògraf.

I, finalment, no tinguis por de prendre el lideratge i d'iniciar col·laboracions tu mateix. Contacta amb altres fotògrafs, models, estilistes o altres creatius el treball dels quals admires i proposa idees per col·laborar. Tant si es tracta d'una sessió de fotos temàtica, d'una exposició conjunta o d'un projecte col·laboratiu per a un client, no tinguis por de presentar les teves idees i veure on et porten.

En resum, el treball en xarxa i la col·laboració són essencials per créixer i prosperar a la comunitat de la fotografia. En establir relacions, nodrir connexions i col·laborar amb altres, podeu ampliar les vostres habilitats, ampliar els vostres horitzons i aconseguir un major èxit i realització com a fotògraf. Així que sortiu, comenceu a establir connexions i deixeu que la vostra creativitat es dispari gràcies a la col·laboració!

Buscant comentaris i crítiques constructives

D'acord, parlem de la importància de buscar comentaris i crítiques constructives com a fotògraf. Tot i que pot ser intimidant posar el vostre treball allà perquè altres puguin criticar, rebre comentaris de companys, mentors i altres fotògrafs pot ser increïblement valuós per al vostre creixement i desenvolupament com a artista.

En primer lloc, parlem de per què és important el comentari. Els comentaris us ofereixen una nova perspectiva sobre el vostre treball, ajudant-vos a veure les vostres fotos amb els ulls d'una altra persona. Pot ressaltar àrees on sobresurt i àrees on pots millorar, ajudant-te a identificar els punts forts i febles de la teva fotografia. La retroalimentació també obre oportunitats per a l'aprenentatge i el creixement, la qual cosa us permet ampliar les vostres habilitats i perfeccionar el vostre ofici.

Quan busqueu comentaris, és important tenir una ment oberta i receptiu a les crítiques. Recordeu que l'objectiu dels comentaris no és destrossar-vos ni fer-vos sentir malament pel vostre treball, sinó ajudar-vos a millorar i créixer com a fotògraf. Aborderu els comentaris amb una ment oberta i ganes d'aprendre, i agraïu qualsevol idea o suggeriment que ofereixin els altres.

Sigues específic sobre quin tipus de comentaris estàs buscant. Busques assessorament tècnic sobre exposició i composició? Esteu buscant comentaris sobre el vostre estil d'edició o tècniques de postprocessament? T'interessa escoltar els pensaments dels altres sobre el concepte general i el missatge de les teves fotos? Tingueu clar què espereu obtenir del procés de comentaris, de manera que altres us puguin oferir els comentaris més útils i rellevants possibles.

Quan rebeu comentaris, centreu-vos en les crítiques constructives: els comentaris que ofereixen suggeriments específics de millora o destaquen àrees on podeu créixer com a fotògraf. Tot i que els comentaris positius sempre són agradables d'escoltar, són les crítiques constructives les que us ajudaran a esdevenir un millor fotògraf.

I, finalment, no tingueu por de buscar comentaris de diverses fonts. Poseu-vos en contacte amb altres fotògrafs, mentors i companys el treball dels quals admireu i demaneu els seus comentaris honestos sobre les vostres fotos. Uneix-te a fòrums i comunitats de fotografia on pots compartir el teu treball i rebre comentaris d'un públic més ampli. Com més comentaris rebeu, més oportunitats tindreu per aprendre i créixer com a fotògraf.

En resum, buscar comentaris i crítiques constructives és una part essencial del procés creatiu dels fotògrafs. Si tens una ment oberta, especifiques sobre quin tipus de comentaris estàs buscant, centrant-te en la crítica constructiva i buscant comentaris de diverses fonts, pots obtenir informació valuosa, millorar les teves habilitats i créixer com a fotògraf. Així que no tingueu por de posar el vostre treball allà fora, buscar comentaris dels altres i utilitzar-lo com a trampolí per al vostre creixement i desenvolupament com a artista.

Establir objectius i fites realistes

Aprofundim en la importància d'establir objectius i fites realistes com a fotògraf. Tant si esteu començant com si voleu portar la vostra fotografia al següent nivell, tenir objectius i fites clars us pot ajudar a mantenir-vos concentrat, motivat i en bon camí per assolir l'èxit.

En primer lloc, parlem de per què és important establir objectius. Els objectius us donen alguna cosa per esforçar-vos i proporcionen direcció i propòsit a la vostra fotografia. T'ajuden a aclarir les teves prioritats, identificar àrees de millora i mesurar el teu progrés al llarg del temps. Sense objectius clars, és fàcil sentir-se perdut o aclaparat, sense saber quins passos cal seguir per avançar en el vostre viatge fotogràfic.

A l'hora d'establir objectius, és important ser realista i específic. En lloc d'establir objectius vagues com "fer millors fotos" o "convertir-se en un fotògraf famós", dividiu-ho en objectius més petits i més assolibles que siguin específics, mesurables i limitats en el temps. Per exemple, podeu establir un objectiu per millorar les vostres habilitats de composició practicant la regla dels terços a les vostres fotos o augmentar el vostre seguiment d'Instagram un 10% durant els propers tres mesos.

Un cop hàgiu establert els vostres objectius, desglosseu-los en fites o tasques més petites per a les quals podeu treballar diàriament, setmanalment o mensualment. Això fa que els vostres objectius siguin més manejables i us ajuda a mantenir-vos motivat, donant-vos una sensació de progrés i assoliments mentre treballeu per assolir els vostres objectius més grans.

Sigues flexible i adaptable amb els teus objectius. La vida és imprevisible i, de vegades, les coses no surten segons el previst. Estigueu disposat a ajustar els vostres objectius i terminis segons sigui necessari, i no us sigui massa dur amb vosaltres mateixos si trobeu contratemps o obstacles al llarg del camí. Recordeu que està bé fer desviats o canviar de rumb; el que és important és seguir avançant i compromès amb la vostra visió i objectius generals.

Finalment, celebra els teus èxits i fites al llarg del camí. Preneu-vos el temps per reconèixer i celebrar els vostres èxits, per petits que semblin. Tant si es tracta d'arribar a un cert nombre de seguidors a les xarxes socials, de vendre la teva primera impressió o de dominar una nova tècnica fotogràfica, val la pena celebrar-ho cada fita com a testimoni del teu esforç, dedicació i progrés com a fotògraf.

En resum, establir objectius i fites realistes és essencial per assolir l'èxit i el creixement com a fotògraf. En establir objectius clars i específics, dividir-los en fites més petites, mantenir-se flexible i adaptable i celebrar els vostres èxits al llarg del camí, podeu mantenir-vos concentrat, motivat i en bon camí per assolir els vostres somnis de fotografia. Així que endavant, fixa els teus objectius i comença a treballar per convertir les teves aspiracions de fotografia en realitat!

Troba el teu estil i veu de fotografia

Explorem el viatge per trobar el vostre estil de fotografia i la vostra veu únics: és com descobrir la vostra empremta digital artística que us diferencia dels altres. El teu estil i veu són els que fan que les teves fotos siguin reconeixibles i memorables, reflectint la teva personalitat, visió i expressió creativa.

En primer lloc, parlem del que realment signifiquen l'estil de fotografia i la veu. El vostre estil abasta els elements estètics i visuals que defineixen el vostre treball: es pot caracteritzar per la vostra elecció de temes, tècniques de composició, estil d'edició, paleta de colors o estat d'ànim. La teva veu, en canvi, és la base emocional i conceptual del teu treball: és el que diuen les teves fotos sobre tu, la teva perspectiva i les històries que vols explicar.

Trobar el teu estil i veu és un viatge d'autodescobriment i exploració. Es tracta d'experimentar amb diferents tècniques, temes i enfocaments fins que trobis allò que et ressona i et sentis autèntic amb qui ets com a fotògraf. No tinguis por de provar coses noves, arriscar-te i superar els límits de la teva creativitat; així descobriràs el teu estil i veu únics.

Comenceu mirant cap a dins i preguntant-vos què us inspira i què us apassiona. Quins temes o temes t'atrauen? Quines emocions o idees vols evocar a les teves fotos? Les vostres respostes a aquestes preguntes poden proporcionar pistes sobre el vostre estil i veu i ajudar-vos a guiar el vostre viatge creatiu.

Fixeu-vos en el treball dels fotògrafs que admireu, però no intenteu imitar o replicar el seu estil. En lloc d'això, estudieu les seves tècniques i enfocaments i penseu com podeu incorporar elements del seu treball a la vostra pròpia visió única. Inspireu-vos en una àmplia gamma de fonts, no només d'altres fotògrafs, sinó també de l'art, la literatura, la música i el món que us envolta.

Experimenteu amb diferents tècniques, temes i estils fins que trobeu el que us convingui. No tingueu por d'equivocar-vos o fer desviats pel camí: cada experiment és una oportunitat per aprendre i créixer com a fotògraf. Segueix afinant i perfeccionant el teu estil i veu al llarg del temps, i confia que amb paciència i persistència, finalment trobaràs la teva pròpia veu creativa que et distingeixi de la multitud.

I recorda, el teu estil i veu continuaran evolucionant i canviant a mesura que creixis i et desenvolupi com a fotògraf. Abraça el viatge de l'auto descobriment i l'exploració creativa, i confia que la teva perspectiva i visió úniques brillaran en el teu treball, fent-lo realment teu.

En resum, trobar el teu estil de fotografia i la teva veu és un viatge profundament personal i gratificant. Explorant les teves passions, experimentant amb diferents tècniques i mantenint-te fidel a tu mateix i a la teva visió, pots descobrir la teva veu creativa única que et distingeix com a fotògraf. Així que endavant, abraça el viatge i deixa que el teu estil i veu brillin a la teva fotografia!

Equilibrar passió i benefici: convertir la teva afició en una carrera profesional

Submergiu-nos en l'apassionant viatge de convertir la vostra afició a la fotografia en una carrera satisfactòria alhora que equilibreu la vostra passió per la fotografia amb la necessitat de generar ingressos.

En primer lloc, és crucial mantenir la vostra passió per la fotografia mentre passeu a una carrera profesional. Recorda per què et vas enamorar de la fotografia en primer lloc i segueix alimentant aquesta passió. El vostre amor per l'artesania serà el motor del vostre èxit i us mantindrà motivat durant els moments difícils.

Tanmateix, també és important reconèixer la vessant empresarial de la fotografia. A mesura que convertiu la vostra afició en una carrera, haureu d'abordar-lo amb una mentalitat estratègica. Això inclou desenvolupar un pla de negoci, establir objectius financers i crear una estratègia de màrqueting per promocionar els vostres serveis.

Quan es tracta de fixar el preu dels vostres serveis, és essencial valorar el vostre treball i experiència. Tot i que pot ser temptador menysprear-se, sobretot quan comenceu, això pot soscavar la vostra credibilitat i dificultar el manteniment del vostre negoci a llarg termini. Preneu-vos el temps per investigar els estàndards del sector i establir preus que reflecteixin el valor del vostre treball.

Construir una forta presència en línia és clau per atraure clients i fer créixer el vostre negoci de fotografia. Inverteix en la creació d'un lloc web i una cartera professionals que mostrin el teu millor treball i ressalti el teu estil i veu únics. Utilitzeu plataformes de xarxes socials per interactuar amb el vostre públic, compartir entre bastidors del vostre treball i establir relacions amb clients potencials.

El treball en xarxa és un altre aspecte crucial per construir una carrera de fotografia d'èxit. Assistiu a esdeveniments del sector, uniu-vos a grups i fòrums de fotografia i connecteu-vos amb altres professionals del vostre camp. La creació d'una xarxa sòlida de contactes pot generar noves oportunitats, col·laboracions i referències que poden ajudar a fer créixer el vostre negoci.

A mesura que navegueu per la transició d'aficionat a fotògraf professional, és important mantenir-vos flexible i obert a noves oportunitats. Estigueu disposat a adaptar-vos a les tendències canviants del mercat, experimentar amb diferents nínxols o serveis i buscar contínuament maneres d'innovar i fer créixer el vostre negoci.

Finalment, recordeu prioritzar l'autocura i l'equilibri a la vostra vida. Construir una carrera de fotografia pot ser exigent, tant físicament com emocionalment, per la qual cosa és important dedicar-te temps i nodrir el teu benestar. Establiu límits al vostre horari laboral, prioritzeu les activitats que us aportin alegria i satisfacció fora de la fotografia i no tingueu por de demanar ajuda o suport quan ho necessitis.

En resum, convertir la teva afició a la fotografia en una carrera requereix un equilibri entre passió, planificació estratègica i perspicàcia empresarial. En mantenir-se fidel al vostre amor per la fotografia, valorar el vostre treball, construir una forta presència en línia, establir xarxes amb altres professionals i prioritzar l'autocura, podeu crear una carrera satisfactòria i sostenible fent el que us agrada. Així que endavant, persegueix els teus somnis i converteix la teva passió per la fotografia en una carrera exitosa i gratificant!

Comunicació amb el client i professionalitat

Explorem la importància de la comunicació efectiva amb el client i la professionalitat en el negoci de la fotografia. Construir relacions sòlides amb els vostres clients i mantenir un comportament professional són essencials per tenir èxit en el sector.

En primer lloc, una comunicació clara i oportuna és clau per garantir una experiència positiva als vostres clients. Des de la consulta inicial fins a l'entrega final de les imatges, mantenir els vostres clients informats i actualitzats en cada pas del camí ajuda a generar confiança i confiança en els vostres serveis.

Respon ràpidament a les consultes dels clients, ja siguin per correu electrònic, trucades telefòniques o missatges de xarxes socials. Sigueu cortès i profesional en les vostres respostes, i proporcioneu informació clara i detallada sobre els vostres serveis, preus i disponibilitat.

Escolteu atentament les necessitats i preferències dels vostres clients i feu preguntes per aclarir qualsevol incertesa. Entendre la seva visió i expectatives us permet adaptar els vostres serveis per satisfer els seus requisits específics i oferir resultats que superin les seves expectatives.

Durant tot el procés de fotografia, mantingueu informats els vostres clients sobre els horaris, la programació i els canvis o actualitzacions que puguin sorgir. Sigueu proactius a l'hora de comunicar els retards o els reptes que puguin afectar el projecte, i treballeu en col·laboració amb els vostres clients per trobar solucions i garantir un resultat satisfactori i reeixit.

Mantingueu la professionalitat en totes les vostres interaccions amb clients, companys i venedors. Això inclou ser puntual, fiable i respectuós en la vostra comunicació i comportament. Vesteix-te adequadament per a reunions amb clients i sessions de fotos, i comporta't amb integritat i honestedat en tot moment.

Sigueu transparents sobre els vostres preus, polítiques i condicions del servei des del principi, i assegureu-vos que els vostres clients els entenguin i els acceptin abans de signar un contracte. Això ajuda a evitar malentesos o disputes al llarg de la línia i fomenta un sentiment de confiança i transparència en les vostres relacions comercials.

Finalment, feu un seguiment amb els vostres clients després de la finalització d'un projecte per assegurar-ne la satisfacció i resoldre qualsevol dubte o comentari que puguin tenir. Agraïu-los el seu negoci i expresseu-vos el vostre agraïment per l'oportunitat de treballar amb ells. Construir relacions positives amb els vostres clients pot portar a negocis repetits, referències i èxit a llarg termini en la vostra carrera fotogràfica.

En resum, una comunicació eficaç amb el client i la professionalitat són essencials per generar confiança, satisfacció i lleialtat en el vostre negoci de fotografia. Mantenint una comunicació clara i oportuna, escoltant atentament les necessitats dels vostres clients, comportant-vos amb integritat i professionalitat, i fent un seguiment per garantir la satisfacció, podeu crear relacions positives i duradores amb els vostres clients i aconseguir l'èxit en la vostra carrera fotogràfica. Així que endavant, comunica amb confiança i mostra la teva professionalitat en tots els aspectes del teu negoci!

Preu dels vostres serveis de fotografia

Submergiu-nos en l'art i la ciència de fixar el preu dels vostres serveis de fotografia. Establir els preus adequats és essencial per mantenir el vostre negoci i assegurar-vos que rebeu una compensació justa pel vostre temps, experiència i treball creatiu.

En primer lloc, és important entendre els vostres costos. Calcula totes les despeses associades a la gestió del teu negoci de fotografia, inclosos els costos d'equips, les subscripcions de programari, el lloguer d'estudis, les despeses de màrqueting i el teu propi salari o tarifa horària. Això us ofereix una referència per determinar el vostre preu i us garanteix que cobriu els vostres costos i obteniu beneficis.

Considereu el valor del vostre temps i experiència. Les vostres habilitats i experiència en fotografia són actius valuosos, i els vostres preus haurien de reflectir-ho. Teniu en compte el temps dedicat a fotografiar, editar, comunicar-vos amb els clients i qualsevol altra tasca relacionada amb el vostre negoci de fotografia. No infravaloris el teu temps: és un dels teus recursos més valuosos.

Investiga el mercat i coneix el teu valor. Mireu quins altres fotògrafs de la vostra zona o nínxol cobren per serveis similars i utilitzeu aquesta informació per informar la vostra estratègia de preus. Tingueu en compte la vostra proposta de valor única, com ara el vostre estil, la qualitat del treball i el nivell de servei al client, i fixeu el preu dels vostres serveis en conseqüència.

Oferiu diferents paquets de preus per atendre una varietat de clients i pressupostos. Això us permet atraure clients amb necessitats i preferències diferents alhora que maximitzeu el vostre potencial d'ingressos. Penseu en oferir paquets per nivells amb diferents nivells de servei i preus, així com opcions addicionals per a productes o serveis addicionals.

Sigueu transparent sobre els vostres preus i polítiques. Comuniqueu clarament els vostres preus al vostre lloc web, materials de màrqueting i en les vostres comunicacions inicials amb els clients. Assegureu-vos que els vostres clients entenguin què s'inclou en el vostre preu i qualsevol tarifa o càrrec addicional que es pugui aplicar. La transparència genera confiança i ajuda a prevenir malentesos o disputes més endavant.

Considereu el valor percebut dels vostres serveis. Factors com la vostra reputació, cartera i imatge de marca poden influir en com els clients perceben el valor del vostre treball. Invertiu en construir una identitat de marca sòlida, mostrant el vostre millor treball i oferint un servei al client excepcional per millorar el valor percebut dels vostres serveis i justificar els vostres preus.

Finalment, sigueu flexible i adaptable amb els vostres preus. Cada client i projecte és únic, i està bé negociar preus o personalitzar paquets per satisfer les seves necessitats específiques. Estigueu obert a discutir les opcions de preus amb els vostres clients i trobar solucions que funcionin per a ambdues parts.

En resum, fixar el preu dels vostres serveis de fotografia requereix una consideració acurada dels vostres costos, valor, tendències del mercat i necessitats del client. En comprendre les vostres despeses, valorar el vostre temps i experiència, investigar el mercat, oferir paquets de preus transparents i adaptar-vos a les preferències del client, podeu establir preus justos, competitius i sostenibles per al vostre negoci de fotografia. Així que endavant, analitza aquests números i valora amb confiança els teus serveis de fotografia per reflectir el valor que aportes als teus clients!

Màrqueting com a fotògraf

Explorem estratègies efectives per comercialitzar-vos com a fotògraf i atraure clients al vostre negoci. En el panorama competitiu actual, és essencial destacar i mostrar el vostre estil i experiència únics als clients potencials.

En primer lloc, creeu una presència professional en línia. Invertiu en un lloc web ben dissenyat que mostri la vostra cartera, serveis, preus i informació de contacte. El vostre lloc web sovint és la primera impressió que els clients potencials tindran del vostre negoci, així que assegureu-vos que reflecteixi la vostra identitat de marca i mostri el vostre millor treball.

Optimitzeu el vostre lloc web per als motors de cerca (SEO) per millorar la vostra visibilitat en línia. Utilitzeu paraules clau, metaetiquetes i descripcions rellevants per ajudar els clients potencials a trobar-vos quan cerquin fotògrafs a la vostra zona o nínxol. Penseu en crear un bloc per compartir idees, consells i històries entre bastidors sobre el vostre treball fotogràfic, que també pot ajudar a millorar el SEO del vostre lloc web.

Utilitzeu les xarxes socials per connectar amb el vostre públic i promocionar el vostre treball. Trieu plataformes que s'alineïn amb el vostre públic objectiu i nínxol fotogràfic, com ara Instagram, Facebook, Pinterest o LinkedIn. Comparteix les teves fotos amb regularitat, interactua amb els teus seguidors i utilitza hashtags per augmentar el teu abast i atraure nous clients.

Connecteu-vos amb altres professionals del vostre sector i comunitat. Assisteix a esdeveniments del sector, uneix-te a grups i fòrums de fotografia i col·labora amb altres fotògrafs, models, estilistes i venedors. Establir relacions sòlides amb altres professionals pot generar referències, col·laboracions i noves oportunitats per al vostre negoci.

Oferiu incentius per a referències per animar els clients satisfets a difondre els vostres serveis. Penseu en oferir descomptes, obsequis o altres recompenses als clients que us recomanen negocis nous. El màrqueting de boca a boca és increïblement potent i us pot ajudar a atraure clients d'alta qualitat que tenen més probabilitats de confiar en les recomanacions d'amics o familiars.

Penseu en associar-vos amb empreses o organitzacions locals per arribar a nous públics. Ofereix-te per mostrar el teu treball a cafeteries, botigues o altres espais comercials, o col·labora amb empreses locals en promocions o esdeveniments especials. La creació d'associacions amb empreses complementàries us pot ajudar a arribar a nous clients i enfortir la vostra marca dins de la vostra comunitat.

Finalment, sempre ofereix un servei al client excepcional i supera les expectatives dels teus clients. És més probable que els clients feliços et recomanin als altres i es converteixin ells mateixos en clients habituals. Centreu-vos a establir relacions positives amb els vostres clients, oferir un treball d'alta qualitat i oferir una experiència excepcional des del principi fins al final.

En resum, comercialitzar-se com a fotògraf requereix una combinació d'estratègies en línia i fora de línia, com ara crear un lloc web professional, aprofitar les xarxes socials, establir xarxes amb altres professionals, oferir incentius per a referències, associar-se amb empreses locals i oferir un servei al client excepcional. Mostrant el vostre estil i experiència únics, construint relacions sòlides amb el vostre públic i oferint constantment un treball d'alta qualitat, podeu atraure nous clients i fer créixer el vostre negoci de fotografia. Així que endavant, posa't allà i comercialitza amb confiança els teus serveis de fotografia al món!

Construir una forta presència en línia: lloc web i xarxes socials

D'acord, xerrem sobre com crear una presència en línia que mostri el vostre negoci de fotografia i atragui clients potencials. El vostre lloc web i la vostra presència a les xarxes socials són components clau de la vostra presència en línia, així que anem a submergir-nos en alguns consells de parla per fer-los brillar.

En primer lloc, el vostre lloc web és la vostra botiga digital, així que assegureu-vos que sigui polit, professional i fàcil de navegar. Trieu un disseny net i modern que destaqui el vostre millor treball i reflecteixi la vostra identitat de marca. Mostra la teva cartera de manera destacada a la teva pàgina d'inici i facilita que els visitants es contactin amb tu o consultin els teus serveis.

Quan es tracta de xarxes socials, trieu plataformes que s'alinein amb el vostre públic objectiu i nínxol de fotografia. Tant si es tracta d'Instagram, Facebook, Pinterest o LinkedIn, centra't en les plataformes on els teus clients potencials són més actius. Comparteix les teves fotos amb regularitat, interactua amb els teus seguidors i utilitza hashtags per augmentar la teva visibilitat i atraure nous seguidors.

Utilitzeu el vostre lloc web i les plataformes de xarxes socials per explicar la vostra història i mostrar la vostra personalitat. Comparteix entre bastidors el teu treball, anècdotes personals i coneixements sobre el teu procés creatiu. Això ajuda a humanitzar la vostra marca i a establir connexions amb el vostre públic, fent-los més propensos a confiar en vosaltres i reservar els vostres serveis.

La coherència és clau a l'hora de mantenir la vostra presència en línia. Actualitzeu el vostre lloc web regularment amb fotos noves, publicacions de bloc o testimonis per mantenir-lo fresc i atractiu. De la mateixa manera, publiqueu constantment a les xarxes socials per mantenir-vos al capdavant del vostre públic i mantenir-los compromesos amb el vostre contingut.

Interacciona amb el teu públic a les xarxes socials responent ràpidament als comentaris, missatges i mencions. Interacciona amb altres usuaris fent m'agrada, comentant i compartint el seu contingut, i col·labora amb altres professionals del teu sector o comunitat per ampliar el teu abast i atraure nous seguidors.

Utilitzeu analítiques i estadístiques per fer un seguiment del trànsit del vostre lloc web i del rendiment de les xarxes socials. Fixeu-vos en quins tipus de contingut ressonen més al vostre públic i ajusteu la vostra estratègia en conseqüència. Experimenteu amb diferents hores de publicació, formats de contingut i hashtags per optimitzar el vostre abast i implicació.

Finalment, no us oblideu de mostrar la vostra experiència i autoritat en el vostre camp. Comparteix consells, tutorials i coneixements relacionats amb la fotografia al teu lloc web i a les plataformes de xarxes socials per posicionar-te com a recurs de confiança i líder de pensament al teu nínxol.

En resum, construir una forta presència en línia requereix una combinació d'un lloc web polit i una presència activa a les xarxes socials. Mostrant el vostre millor treball, compartint la vostra història, interactuant amb el vostre públic i demostrant la vostra experiència, podeu atraure clients potencials i fer créixer el vostre negoci de fotografia en línia. Així que endavant, posa en acció aquests consells de parla fluix i crea una presència en línia que et distingeixi de la competència!

Tractar el rebuig i la crítica amb gràcia

D'acord, parlem de com navegar pel rebuig i la crítica en el món de la fotografia amb calma i professionalitat. Rebre feedback, ja sigui negatiu o constructiu, és una part natural del procés creatiu, i aprendre a manejar-lo amb gràcia és essencial per al creixement i la resiliència.

En primer lloc, és important recordar que el rebuig i la crítica no són atacs personals. Simplement són oportunitats d'aprenentatge i millora. En lloc de prendre's les crítiques personalment, intenta abordar-les amb una ment oberta i ganes d'aprendre. Recordeu que els gustos i les preferències de cadascú són subjectius, i no tothom apreciarà o entendrà el vostre treball, i això està bé!

Quan rebeu crítiques, centreu-vos en els comentaris constructius: les idees i els suggeriments que us poden ajudar a créixer i millorar com a fotògraf. Escolteu atentament el que els altres diuen sobre el vostre treball i estigueu oberts a diferents perspectives i idees. Penseu en com podeu utilitzar aquests comentaris per refinar les vostres habilitats, experimentar amb noves tècniques o explorar diferents direccions creatives.

També és important desenvolupar la resiliència i una mentalitat positiva davant el rebuig o la crítica. En lloc de fixar-se en els aspectes negatius, centreu-vos en les oportunitats de creixement i superació personal que es deriven d'aquestes experiències. Utilitzeu el rebuig i la crítica com a motivació per esforçar-vos més, treballar les vostres debilitats i lluitar per l'excel·lència en el vostre ofici.

Mantingueu la professionalitat i la gràcia en les vostres interaccions amb els altres, fins i tot davant el rebuig o la crítica. Eviteu posar-vos a la defensiva o enfrontar-vos, i responeu amb humilitat, gratitud i ganes d'aprendre. Agraeix a la persona els seus comentaris i fes-li saber que aprecies les seves idees i que la tindràs en compte per avançar.

Recordeu que el rebuig i la crítica no són la fi del món, sinó que són només cops en el vostre camí cap a l'èxit. Utilitzeu-los com a oportunitats per créixer, aprendre i convertir-vos en un millor fotògraf. Mantingueu-vos concentrat en els vostres objectius, creieu en vosaltres mateixos i en les vostres habilitats, i no deixeu que els contratemps o els comentaris negatius us impedeixin seguir la vostra passió per la fotografia.

En resum, manejar el rebuig i la crítica amb gràcia és essencial per al creixement i la resiliència com a fotògraf. En abordar el feedback amb una ment oberta, centrant-se en la crítica constructiva, mantenint una mentalitat positiva i responent amb professionalitat i gràcia, podeu convertir el rebuig i la crítica en oportunitats d'aprenentatge, creixement i superació personal. Així que endavant, accepta els comentaris amb el cor obert i deixa que t'impulsi en el teu viatge fotogràfic!

Aprenentatge continu: tallers, cursos i recursos

Explorem la importància de l'aprenentatge continu en l'àmbit de la fotografia i com els tallers, els cursos i altres recursos us poden ajudar a millorar les vostres habilitats, mantenir-vos inspirats i estar al dia de les tendències del sector.

En primer lloc, invertir en tallers, cursos i altres recursos educatius és una manera fantàstica d'ampliar els vostres coneixements i experiència en fotografia. Tant si sou un principiant que busca dominar els conceptes bàsics com si sou un fotògraf experimentat que busca perfeccionar les vostres habilitats o explorar noves tècniques, sempre hi ha alguna cosa nova per aprendre.

Els tallers i els cursos ofereixen experiències d'aprenentatge pràctiques dirigides per instructors experimentats que poden proporcionar informació valuosa, comentaris i orientació. Ofereixen oportunitats per aprendre d'experts en la matèria, connectar-se amb altres fotògrafs i obtenir experiència pràctica mitjançant tasques i projectes del món real.

Els cursos i tutorials en línia s'han tornat cada cop més populars en els últims anys, oferint flexibilitat i comoditat per als fotògrafs ocupats. Plataformes com Udemy, Skillshare i CreativeLive ofereixen una àmplia gamma de cursos que cobreixen tot, des de nocions bàsiques de la càmera fins a tècniques d'edició avançades, que us permeten aprendre al vostre ritme des de la comoditat de casa vostra.

A més dels tallers i cursos formals, també hi ha molts recursos gratuïts disponibles en línia, com ara articles, blocs, podcasts i canals de YouTube dedicats a consells de fotografia, tutorials i inspiració. Aprofiteu aquests recursos per mantenir-vos informat sobre les tendències del sector, aprendre noves tècniques i descobrir idees creatives per al vostre propi treball.

No oblidis el valor d'aprendre dels teus companys i fotògrafs. Unir-se a grups i comunitats de fotografia, ja sigui en línia o en persona, ofereix oportunitats per compartir coneixements, intercanviar comentaris i col·laborar en projectes. Envoltar-te d'una comunitat de suport de persones amb idees afins pot ser increïblement motivador i enriquidor per al teu viatge fotogràfic.

Finalment, no oblideu la importància de la pràctica i l'experimentació en el vostre procés d'aprenentatge. Apliqueu els coneixements i les habilitats que obteniu dels tallers, cursos i recursos als vostres projectes i tasques de fotografia. Experimenta amb diferents tècniques, temes i estils, i no tinguis por de superar els límits de la teva creativitat.

En resum, l'aprenentatge continu és essencial per al creixement i desenvolupament com a fotògraf. Invertint en tallers, cursos i altres recursos, participant en comunitats en línia i adoptant l'experimentació i la pràctica, podeu millorar les vostres habilitats, mantenir-vos inspirats i mantenir-vos al dia de les tendències del sector. Així que endavant, aprofita totes les oportunitats per aprendre i créixer, i mira com augmenta la teva habilitat fotogràfica i la teva confiança!

Mantenir-se inspirat: explorant altres formes d'art

Aprofundim en el meravellós món de trobar inspiració explorant altres formes d'art més enllà de la fotografia. Dibuixar des de diverses disciplines creatives pot infondre la teva fotografia amb idees, perspectives i tècniques noves, mantenint el teu treball dinàmic i innovador.

En primer lloc, submergeix-te en el món de les arts visuals visitant galeries d'art, museus i exposicions. Explora diferents gèneres, estils i moviments, des de pintures clàssiques fins a instal·lacions contemporànies. Presta atenció a les tècniques de composició, color, il·luminació i narració que s'utilitzen en diverses obres d'art i considera com pots incorporar aquests elements a la teva pròpia fotografia.

No us limiteu a les arts visuals: exploreu altres mitjans creatius com la música, la literatura, el cinema, la dansa i el teatre. Cada forma d'art ofereix percepcions i emocions úniques que poden inspirar la teva fotografia de maneres inesperades. Escolteu música que evoca un estat d'ànim o una emoció en particular i traduïu-la en imatges visuals a través de la vostra fotografia. Llegiu llibres o poesies que desencadenin la vostra imaginació i utilitzeu-los com a inspiració per a sessions de fotos conceptuals. Mira pel·lícules o actuacions que et captiven i inspira't en les seves tècniques de narració i estètica visual.

Experimenta amb col·laboracions interdisciplinàries fent equip amb artistes d'altres disciplines. Treballa amb músics, ballarins, actors o escriptors per crear projectes multimèdia que combinen la fotografia amb altres formes d'art. Col·laborar amb artistes de diferents orígens pot aportar noves perspectives, idees i energia creativa a la vostra fotografia, obrint possibilitats emocionants per a l'exploració i l'experimentació.

Preneu-vos un descans de la fotografia i feu activitats creatives pràctiques com dibuixar, pintar, esculpir o fer manualitats. Treballar amb les teves mans en diferents mitjans pot estimular la teva creativitat i ajudar-te a veure el món des d'una nova perspectiva. Experimenta amb diferents textures, colors i materials, i incorpora elements d'aquestes experiències tàctils a la teva fotografia per afegir profunditat i dimensió a les teves imatges.

Finalment, abraça la bellesa de la natura i el món que t'envolta com a font d'inspiració. Passeja a l'aire lliure, observa els canvis de les estacions i gaudeix de les vistes, els sons i les olors del món natural. Utilitzeu la vostra càmera com a eina per a l'exploració i el descobriment, capturant la bellesa i les meravelles del món a la vostra manera única.

En resum, trobar inspiració en altres formes d'art és una manera poderosa d'alimentar la teva creativitat i mantenir la teva fotografia fresca i emocionant. Explorant les arts visuals, la música, la literatura, el cinema, la dansa, el teatre i les activitats creatives pràctiques, podeu ampliar els vostres horitzons artístics, descobrir noves idees i tècniques i infondre la vostra fotografia amb profunditat, emoció i significat. Així que endavant, explora, experimenta i deixa que la bellesa de l'art inspiri el teu viatge fotogràfic!

Manteniment del vostre equipament: consells de neteja i emmagatzematge

Anem a submergir-nos en alguns consells essencials per mantenir el vostre equip de fotografia en les millors condicions perquè pugui continuar funcionant al màxim durant els propers anys.

En primer lloc, la neteja regular és clau per evitar que la pols, la brutícia i els residus s'acumulin al vostre equip. Utilitzeu un raspall de truges suaus o un bufador per eliminar la pols i la brutícia del cos de la càmera, les lents i altres equips. Sigueu suau quan netegeu peces delicades com el sensor o els elements de la lent per evitar ratllar-les o danyar-les.

Per a la brutícia o les taques més persistents, utilitzeu un drap de microfibra lleugerament humitejat amb solució de neteja de lents o alcohol isopropílic. Eviteu utilitzar productes químics o materials abrasius, ja que poden danyar els delicats recobriments de les lents i el cos de la càmera.

No oblideu netejar la bossa o la funda de la càmera amb regularitat. La pols i els residus es poden acumular a l'interior de la bossa i transferir-se al vostre equipament, així que buideu-lo periòdicament i netegeu l'interior amb un drap humit.

Quan emmagatzemeu el vostre equipament, trieu un espai net, sec i ben ventilat, lluny de la llum solar directa i de les temperatures extremes. Penseu en la possibilitat d'invertir en un armari, un estoig o una caixa d'emmagatzematge dedicats per a la càmera per mantenir el vostre equip organitzat i protegit quan no l'utilitzeu.

Emmagatzemeu les lents i els cossos de la càmera amb els taps de l'objectiu i el cos adjuntats per protegir-los de la pols i la humitat. Si teniu diverses lents, emmagatzemeu-les en posició vertical o de costat per evitar que rodin i es puguin danyar.

Invertiu en tapes de cos de lents i càmeres, parasoles i filtres protectors per proporcionar una capa addicional de protecció per al vostre equip quan no l'utilitzeu. Aquests accessoris poden ajudar a prevenir esgarrapades, cops i altres danys que es puguin produir durant el transport o l'emmagatzematge.

Considereu la possibilitat d'utilitzar paquets de gel de sílice o deshumidificadors a la bossa de la càmera o a l'espai d'emmagatzematge per ajudar a controlar la humitat i prevenir el creixement de floridura o floridura. Substituïu els paquets de gel de sílice amb regularitat o recarregueu-los segons sigui necessari per mantenir la seva eficàcia.

Finalment, no descuideu el manteniment i el manteniment regulars del vostre equip. Programeu revisions i neteges rutinàries amb un tècnic de càmeres professional per assegurar-vos que el vostre equip funciona correctament i per resoldre qualsevol problema abans que s'escalfi.

En resum, mantenir el vostre equip de fotografia requereix una neteja regular, un emmagatzematge adequat i un manteniment ocasional. Seguint aquests consells i incorporant-los a la vostra rutina, podeu mantenir el vostre equipament en les millors condicions i assegurar-vos que segueixi funcionant al màxim durant els propers anys. Així que endavant, mostra amor al teu equip i et recompensarà amb imatges precioses una vegada i una altra!

Tractament de l'esgotament i els blocs creatius

Explorem algunes estratègies per superar l'esgotament i els blocs creatius perquè pugueu tornar a encendre la vostra passió per la fotografia i tornar a crear un treball increïble.

En primer lloc, és important reconèixer els signes d'esgotament i donar-se permís per fer una pausa quan sigui necessari. Escolteu el vostre cos i la vostra ment: si us sentiu esgotat, aclaparat o sense inspiració, està bé fer un pas enrere i carregar les piles.

Preneu-vos temps per a activitats d'autocura i relaxació que us ajudin a relaxar-vos i desestressar-vos. Tant si es tracta d'anar a passejar per la natura, practicar mindfulness o meditació, llegir un llibre o passar temps amb els éssers estimats, prioritzeu les activitats que us aportin alegria i rejovenir el vostre esperit.

Intenteu identificar les causes arrel del vostre esgotament i abordar-les de manera proactiva. Estàs assumint massa feina? Descuides la teva salut física o mental? Et sents creativament estancat o sense inspiració? Un cop entengueu què contribueix al vostre desgast, podeu prendre mesures per fer canvis positius i recuperar l'equilibri a la vostra vida.

Experimenta amb noves tècniques, temes o estils per sortir de les rodes creatives i generar inspiració. Desafia't a provar alguna cosa diferent i anar més enllà de la teva zona de confort. Fes un taller de fotografia, explora una nova ubicació o col·labora amb altres artistes per injectar energia fresca al teu treball.

Creeu un entorn favorable i encoratjador perquè la vostra creativitat prosperi. Envolta't d'influències positives, ja siguin fotògrafs, mentors o amics que entenguin i aprecien el teu viatge creatiu. Comparteix les teves lluites i experiències amb els altres i busca suport i ànims quan sigui necessari.

Practica l'autocompassió i la paciència amb tu mateix durant els moments de bloqueig creatiu. Recordeu que la creativitat flueix i flueix, i està bé tenir períodes de poca inspiració o productivitat. Sigues amable amb tu mateix i confia que la teva espurna creativa tornarà en el seu moment.

Establiu objectius i expectatives realistes per a vosaltres mateixos i divideix projectes més grans en tasques més petites i manejables. Celebra les petites victòries i el progrés al llarg del camí, i no siguis massa dur amb tu mateix si les coses no surten com estava previst. Recordeu que cada contratemps és una oportunitat de creixement i aprenentatge.

Finalment, no tingueu por de buscar ajuda professional si teniu problemes amb l'esgotament o problemes de salut mental. Parleu amb un terapeuta o un assessor que us pugui oferir orientació i suport adaptat a les vostres necessitats. Recorda que està bé demanar ajuda quan la necessitis, i tenir cura de la teva salut mental és essencial per al benestar general.

En resum, superar l'esgotament i els blocs creatius requereix consciència d'un mateix, cura d'un mateix i voluntat d'explorar noves idees i enfocaments. Si prens temps per descansar i carregar-te, experimentant amb noves tècniques, buscant el suport dels altres i practicant l'autocompassió, pots tornar a encendre la teva passió per la fotografia i redescobrir l'alegria de crear. Així que endavant, abraça el viatge i confia que la teva creativitat tornarà a florir!

Celebrant el vostre progrés i èxits

Preneu-vos un moment per reconèixer i celebrar els vostres progrés i èxits com a fotògraf. Tant si esteu començant el vostre viatge com si heu estat perfeccionant el vostre ofici durant anys, és important reconèixer i celebrar les fites i els èxits al llarg del camí.

En primer lloc, preneu-vos el temps per reflexionar sobre fins a quin punt heu arribat des que vau agafar una càmera per primera vegada. Celebra les habilitats que has desenvolupat, els reptes que has superat i el creixement que has experimentat com a fotògraf. Reconeix la dedicació, la passió i el treball dur que has invertit en la perseguir la teva visió creativa.

Celebra els teus èxits, per grans o petits que siguin. Tant si es tracta de capturar un paisatge impressionant, clavar una sessió de fotos desafiant o rebre reconeixement per la seva feina, enorgulleu-vos dels vostres èxits i de l'esforç que heu fet per aconseguir-los. Celebra amb amics, familiars o companys fotògrafs que puguin compartir la teva alegria i emoció.

No us oblideu de celebrar el viatge en si: els moments d'inspiració, les lliçons apreses i els records creats al llarg del camí. La fotografia és més que les imatges finals: es tracta de les experiències, connexions i històries que hi ha darrere. Preneu-vos el temps per assaborir el procés de crear i compartir el vostre treball amb els altres.

Dedica temps per crear un registre visual del teu progrés i èxits. Creeu una cartera o una galeria de les vostres millors obres, ja sigui en línia o impresa, que mostri com han evolucionat les vostres habilitats i estil al llarg del temps. Utilitzeu-ho com a recordatori del molt que heu aconseguit i com a motivació per seguir esforçant-vos més enllà.

Celebreu també els èxits dels altres a la comunitat de la fotografia. Comparteix la teva admiració i suport pels companys fotògrafs que t'inspiren, ja sigui fent m'agrada, comentant o compartint el seu treball a les xarxes socials, o assistint a les seves exposicions o esdeveniments.

Construir una comunitat solidària i col·laborativa pot amplificar el vostre propi èxit i aportar més alegria i satisfacció al vostre viatge fotogràfic.

Finalment, recorda celebrar els moments d'alegria, meravella i bellesa que la fotografia aporta a la teva vida. Tant si es tracta de capturar un moment fugaç de bellesa natural, d'expressar la teva creativitat a través del teu treball o de connectar-te amb altres a través de les teves imatges, preneu-vos el temps per apreciar la màgia de la fotografia i l'alegria que aporta a la vostra vida.

En resum, celebrar el teu progrés i èxits com a fotògraf és una part important per mantenir-te motivat, inspirat i realitzat en el teu viatge creatiu. Si preneu el temps per reflexionar sobre fins a quin punt heu arribat, reconeixeu els vostres èxits i compartiu la vostra alegria amb els altres, podeu cultivar un sentit d'orgull, gratitud i realització en la vostra pràctica fotogràfica. Així que endavant, celebra els teus èxits i segueix esforçant-te per assolir noves altures en el teu viatge fotogràfic!

www.ingramcontent.com/pod-product-compliance
Lightning Source LLC
Chambersburg PA
CBHW050234230526
45470CB00005B/1942